Feste feiern
WEIHNACHTEN

Katja Henning

Feste feiern

WEIHNACHTEN

Inspirationen für die schönste Zeit im Jahr:
Weihnachtliche Dekoration und kreative Geschenkideen

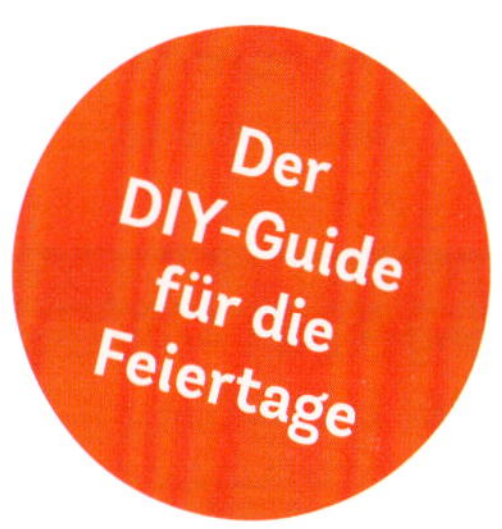

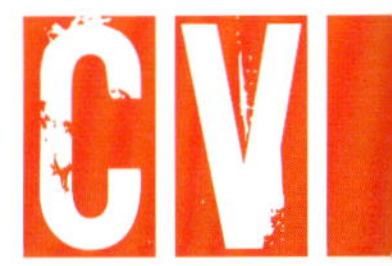

INHALT

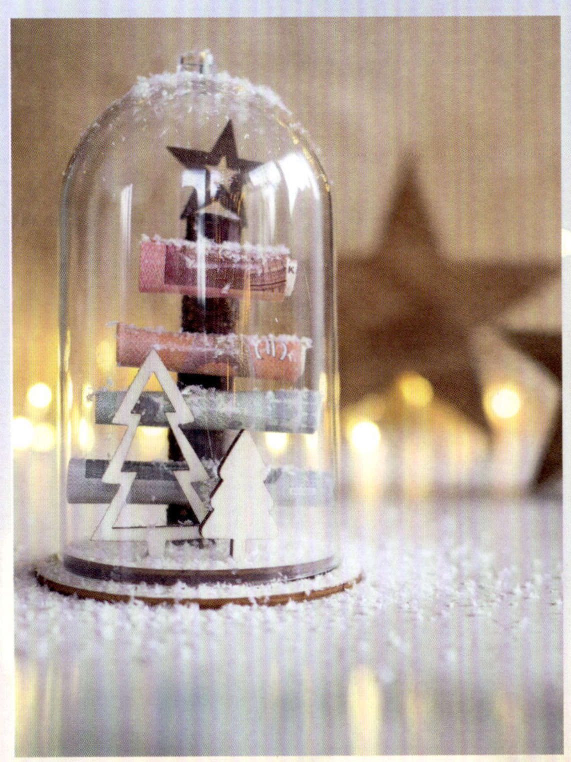

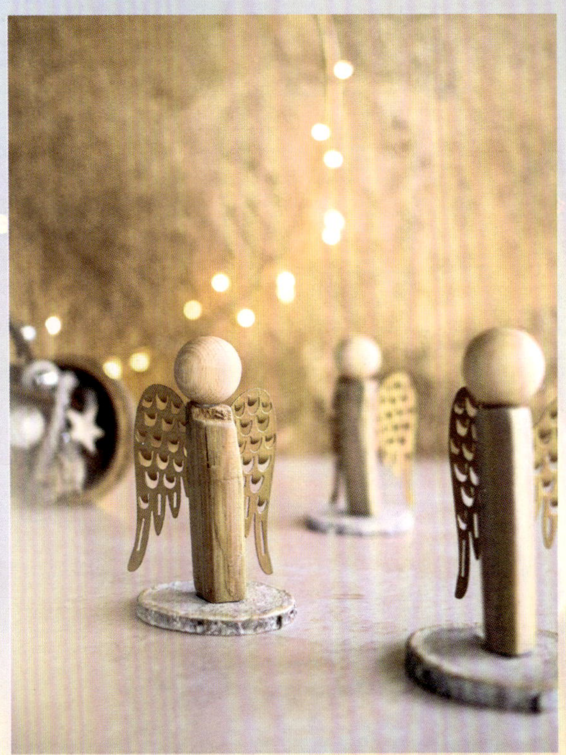

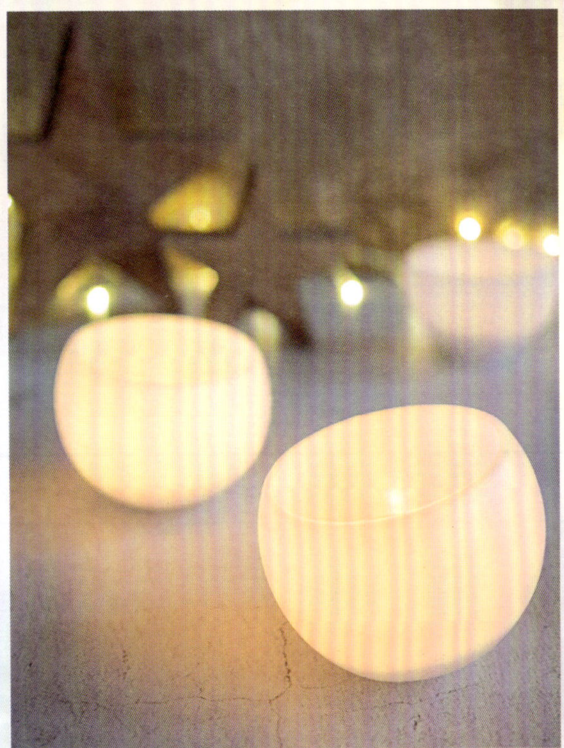

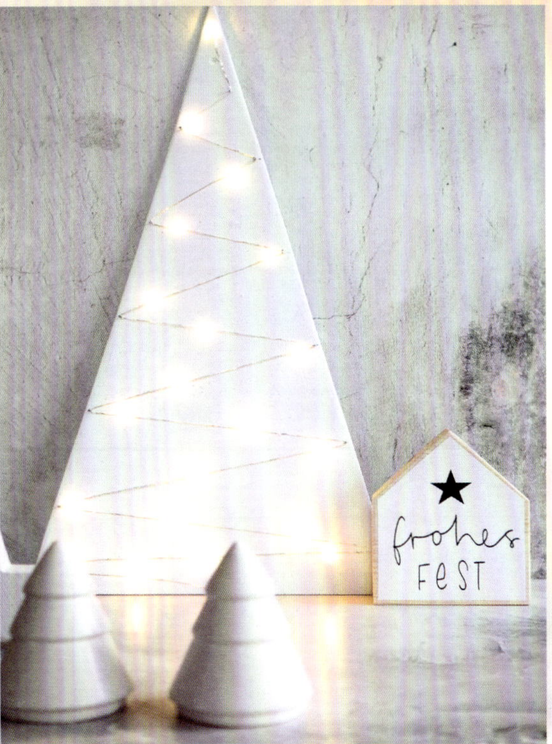
frohes
Fest

VORWORT

Liebe Selbermacherin, lieber Selbermacher,

die schönste Zeit des Jahres ist für viele die Vorweihnachtszeit. Man macht es sich zu Hause gemütlich, dekoriert liebevoll und genießt diese wundervollen Tage bei Kerzenlicht. Vorfreude, Aufregung, Spannung, Neugier – was wird es wohl für Geschenke geben? Diese Frage »quält« meist die Kinder, die diese wunderbaren letzten Wochen des Jahres als ganz besonders wahrnehmen.

Genieße diese besondere Jahreszeit und stimme dich mit liebevollen DIYs auf das Weihnachtsfest ein. Es freut mich sehr, dass du dich dabei von diesem Buch inspirieren lassen möchtest. Es bietet dir über 25 Inspirationen zu Fensterdekorationen, Tischambiente, Kerzenlicht, Engeln und vielem mehr.

Auf den folgenden Seiten erwarten dich herrliche Projekte mit Schritt-für-Schritt-Anleitungen, gespickt mit Tipps und Tricks und wunderbaren Ideen, die dein Weihnachtsfest zu etwas ganz Besonderem machen. Dabei haben meine Projekte einen hohen Anspruch an Kreativität, Design und Ästhetik, um dem besonderen Anlass gerecht zu werden. Aber keine Sorge, deshalb sind sie noch lange nicht schwierig. Du wirst sehen, wie leicht es ist, hochwertige Weihnachtsdekoration selbst herzustellen. Dabei musst du meine Anleitungen nicht exakt befolgen. Mach die abgebildeten und erläuterten DIY-Projekte zu DEINEN DIY-Projekten. Die entscheidende Rolle spielen Farben, Muster oder die Größe. Probiere dich aus, sei mutig und spontan, lasse deiner Kreativität und deinen Ideen einfach freien Lauf und verleih deinem Fest mit viel Liebe und Fantasie ganz persönlichen Charme.

Ich hoffe, du hast viel Freude am Gestalten deiner Unikate und der Funke der Begeisterung springt bei jedem einzelnen Projekt, das ich für dieses Buch ausgewählt habe, auf dich über. Viel Spaß beim Mit-Liebe-Gestalten.

Deine Katja

INFOS

Damit du Zeit, Kosten und Schwierigkeitsgrad abschätzen kannst, geben dir die drei folgenden Skalen eine Orientierungshilfe. Du findest die kleinen Piktogramme an jedem Projekt und siehst so auf den ersten Blick, welchen zeitlichen und finanziellen Aufwand du bedenken musst und welches Projekt am besten zu deinen Fähigkeiten passt.

Zeit

- Keine halbe Stunde
- 0,5 – 1 Stunde
- Über 1 Stunde

Geld

- Bis 5 Euro
- 5 – 10 Euro
- Über 10 Euro

Schwierigkeitsgrad

- Kinderleicht
- Ziemlich leicht
- Trau dich – leichter als du denkst

Materialien und Werkzeuge, die gezeigt werden, habe ich aufgrund von persönlichen Erfahrungen ausgewählt. Du bist natürlich immer frei, andere Produkte oder Marken zu verwenden.

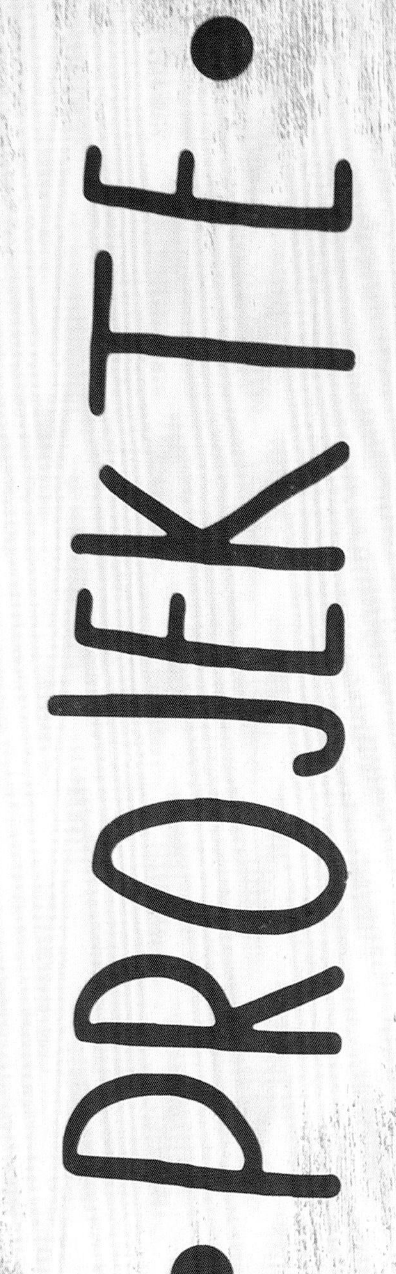
PROJEKTE

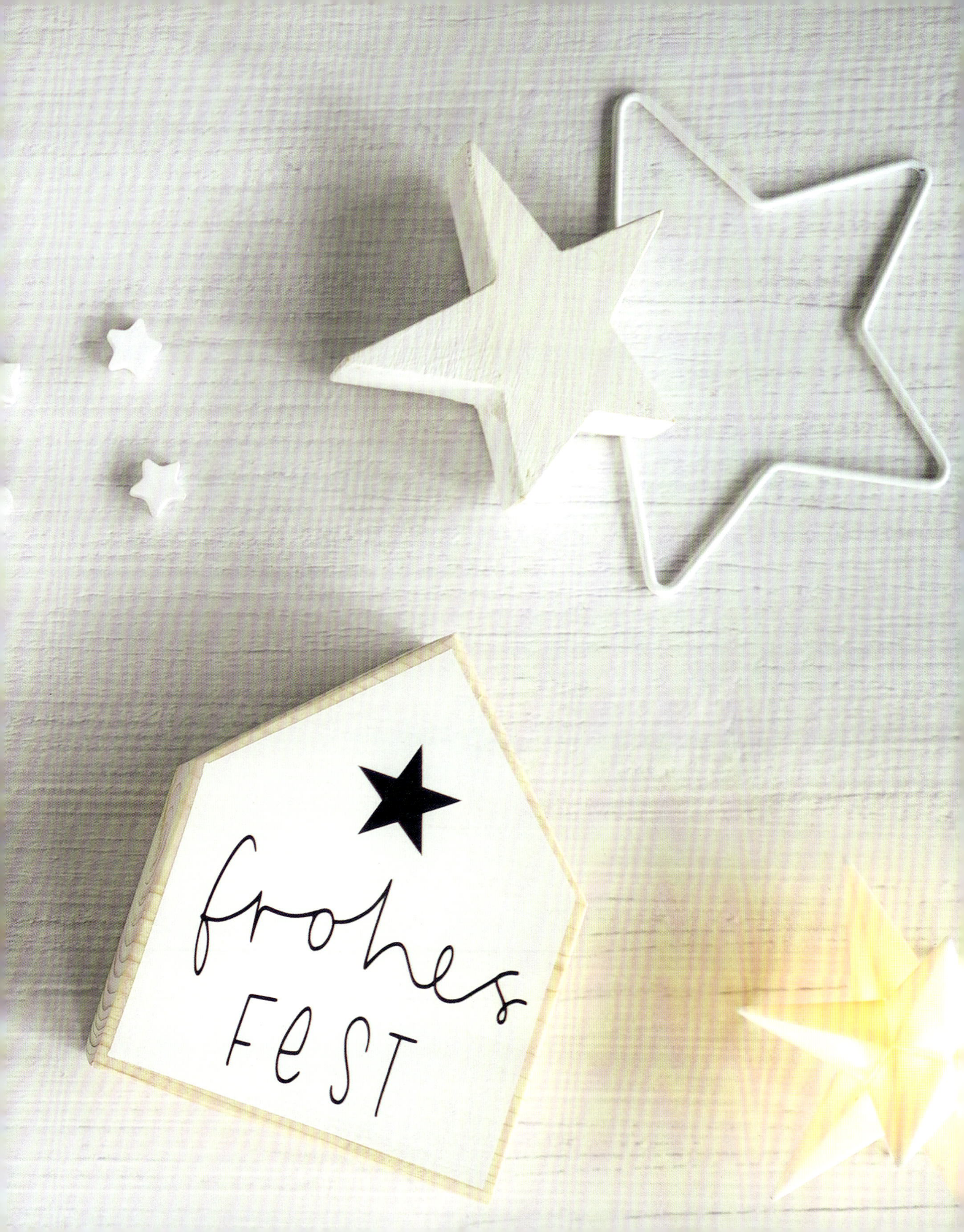

frohes
FEST

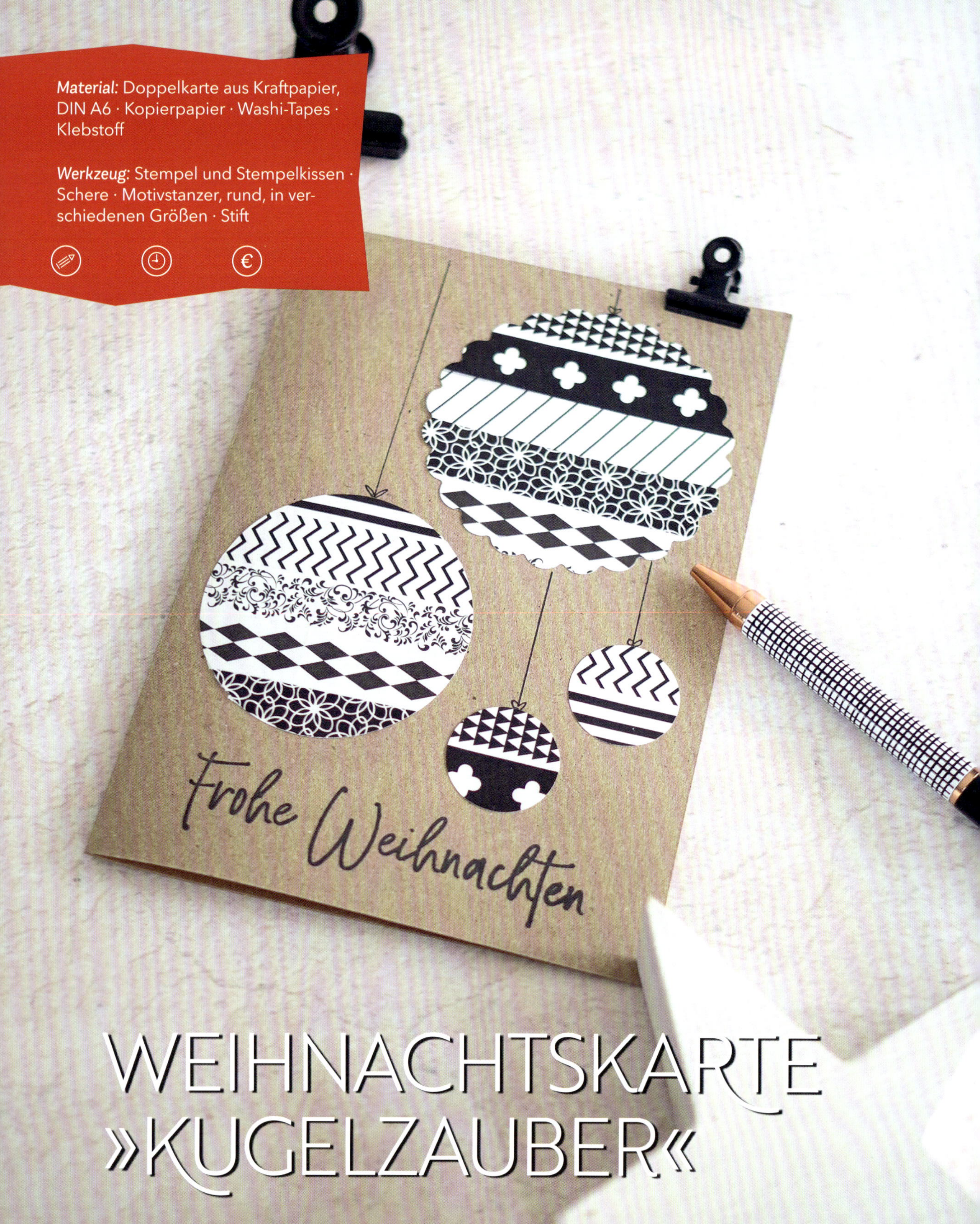

Material: Doppelkarte aus Kraftpapier, DIN A6 · Kopierpapier · Washi-Tapes · Klebstoff

Werkzeug: Stempel und Stempelkissen · Schere · Motivstanzer, rund, in verschiedenen Größen · Stift

WEIHNACHTSKARTE »KUGELZAUBER«

Alles kann heute schnell per Mail oder WhatsApp erledigt werden. Aber wer freut sich nicht über eine traditionelle, liebevoll gestaltete Weihnachtskarte! Ist eben doch viel persönlicher. Auch als Einladung zum Weihnachtsbrunch oder zum Festtagsessen eignet sich diese Karte hervorragend.

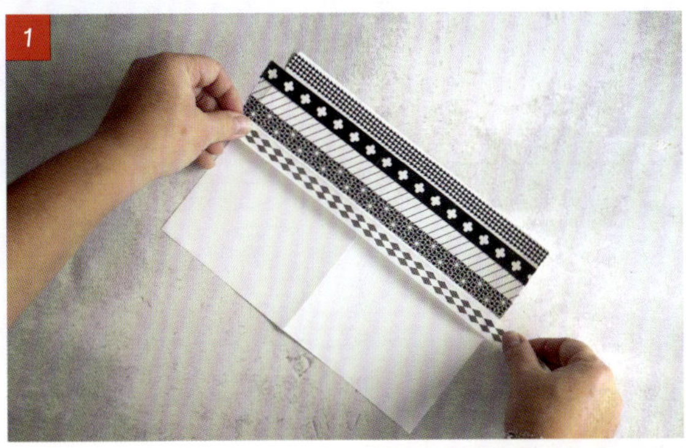

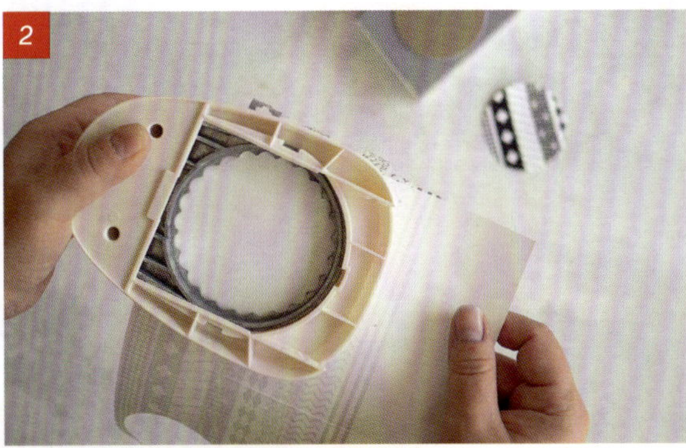

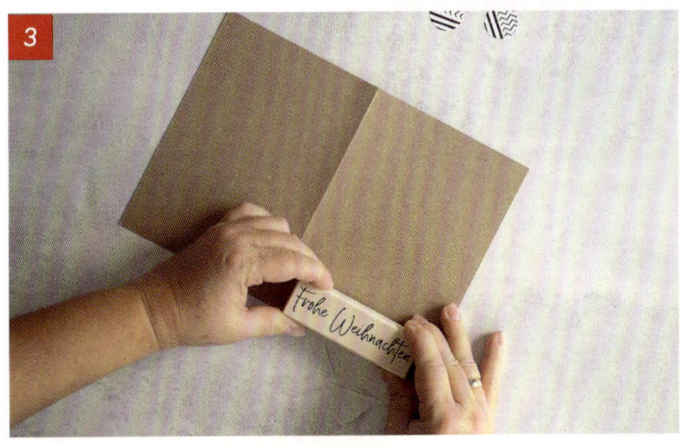

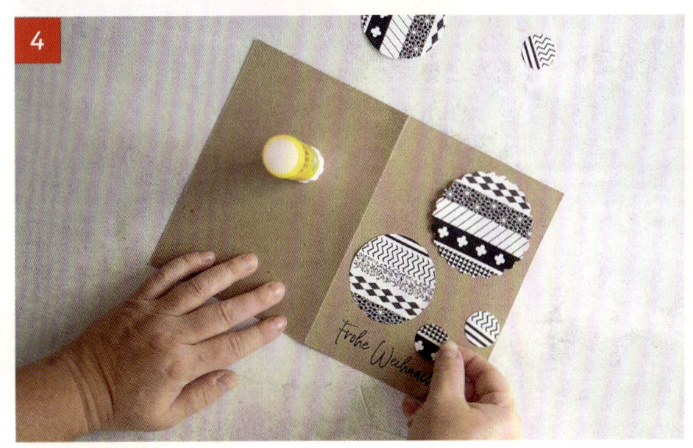

1. Klebe deine Washi-Tape-Streifen untereinander auf dein Kopierpapier. Du kannst einfarbiges Tape benutzen, buntes oder solches mit Metallic-Effekt. Wie es dir am besten gefällt.

2. Stanze mit deinen Motivstanzern in unterschiedlichen Größen Kreise aus.

3. Schreibe auf deiner Blanko-Karte den ausgewählten Text oder stemple ihn auf, wie ich es gemacht habe.

4. Klebe dann deine ausgestanzten Kreise auf die Karte auf. Zeichne mit deinem Stift die Aufhänger an die Kreise – schon werden aus ihnen hübsche Weihnachtskugeln.

Fehlt nur noch der passende Text auf der Innenseite, mit den besten Wünschen für die bevorstehenden Festtage oder der Einladung zum Weihnachtsessen. Schon kann sich die Karte im Umschlag auf den Weg machen.

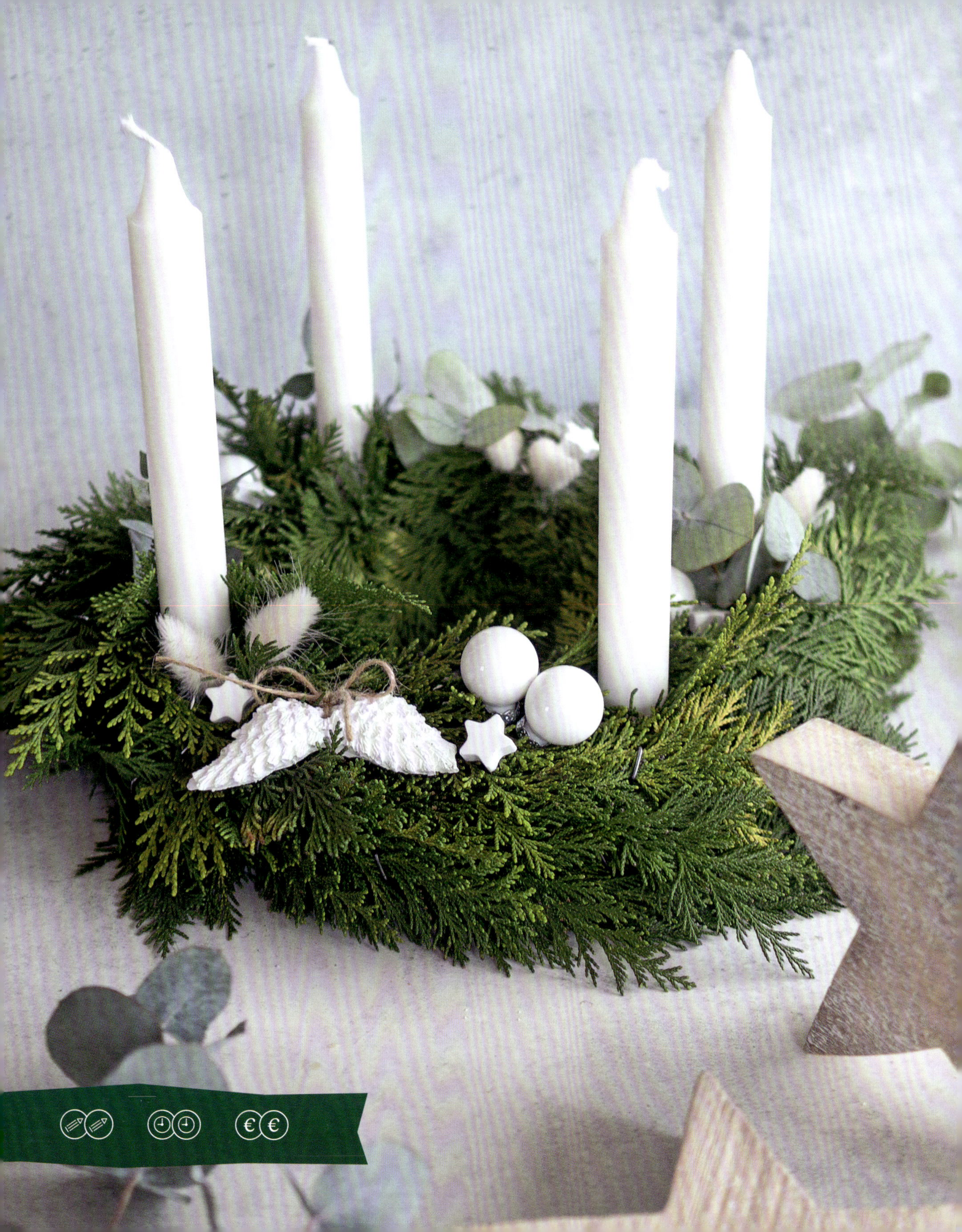

ADVENTSKRANZ »ELEGANT GRÜN-WEISS«

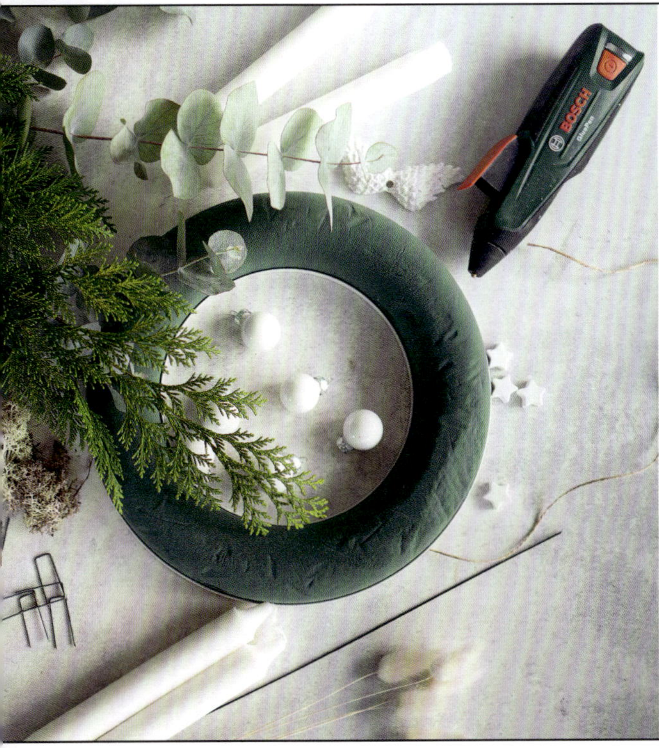

Material:

- ✓ Steckmoos-Ring
- ✓ immergrüne Zweige, z. B. Koniferen, Eukalyptus
- ✓ Trockenblumen, z. B. Lagurus (Hasenschwänzchen)
- ✓ 4 Kerzen
- ✓ Römerhaften
- ✓ Steckdraht
- ✓ Kugeln, Sterne, Engelsflügel

Werkzeug:

- ✓ Heißklebepistole
- ✓ Kombizange oder Seitenschneider
- ✓ Feuerzeug

Ein Adventskranz gehört zur Vorweihnachtszeit – denn nichts symbolisiert die Vorfreude auf Weihnachten besser. Mit jeder angezündeten Kerze kommen wir einem der schönsten Feste einen Schritt näher. Einen Adventskranz selbst zu stecken, ist gar nicht so schwer.

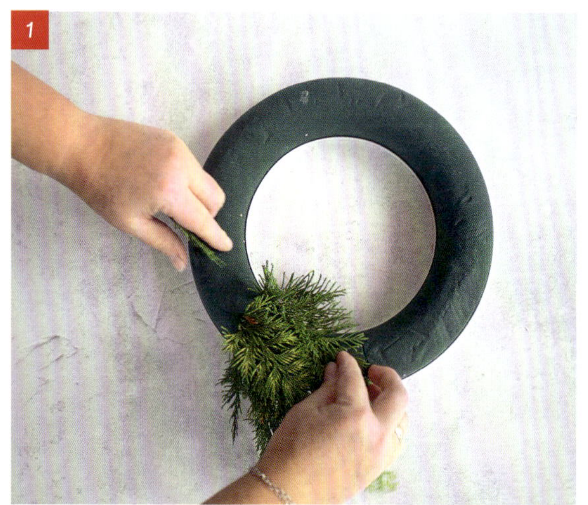
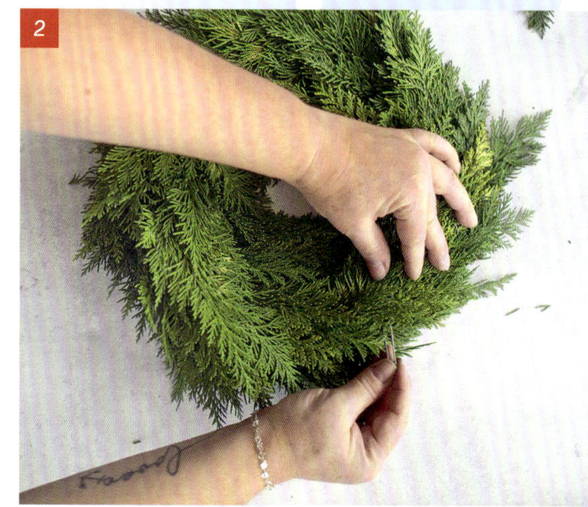
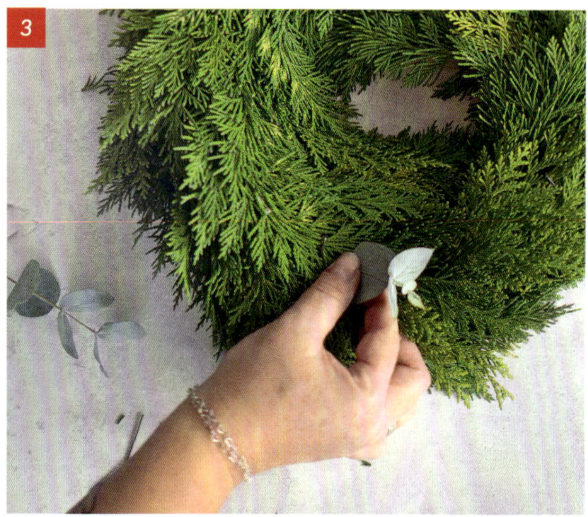
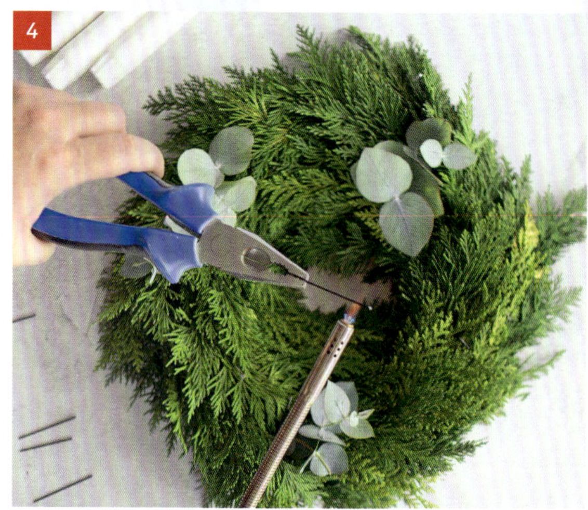

1. Schneide deine immergrünen Zweige in kleine Abschnitte. Beginne mit den Koniferen (nach Belieben können auch Tannen als Basis genommen werden) und stecke sie von innen nach außen in deinen Steckmoos-Ring. Achte darauf, dass die Zweige immer in dieselbe Richtung zeigen, und ordne die einzelnen Lagen jeweils über die bereits gesteckten Zweige.

2. Ist der Ring vollständig mit Grün besteckt, fixiere mit den Römerhaften deine Zweige und stecke sie fest an den Ring.

3. Setze Akzente in deinem Kranz mit Zweigen von Eukalyptus und Trockenblumen.

4. Schneide vom Steckdraht mit der Kombizange kleine Stücke von ca. 5 cm ab. Halte sie mit der Kombizange fest und erhitze ein Ende des Drahtes mit dem Feuerzeug.

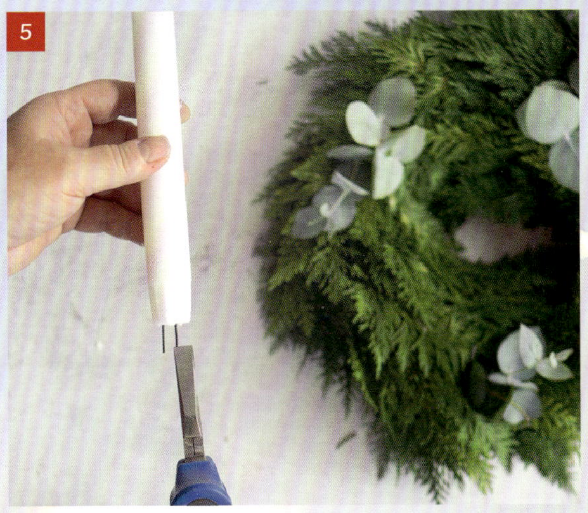

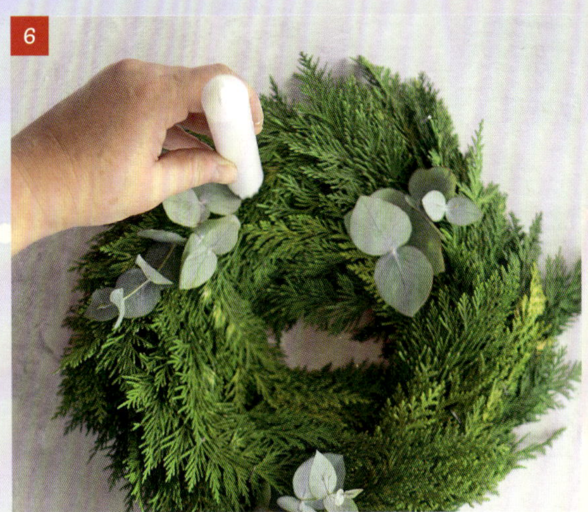

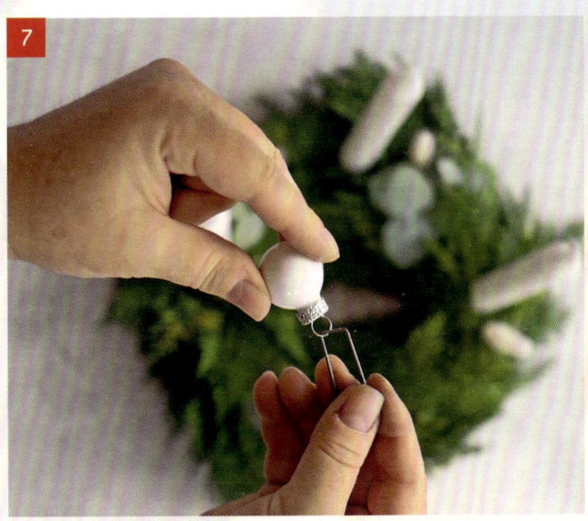

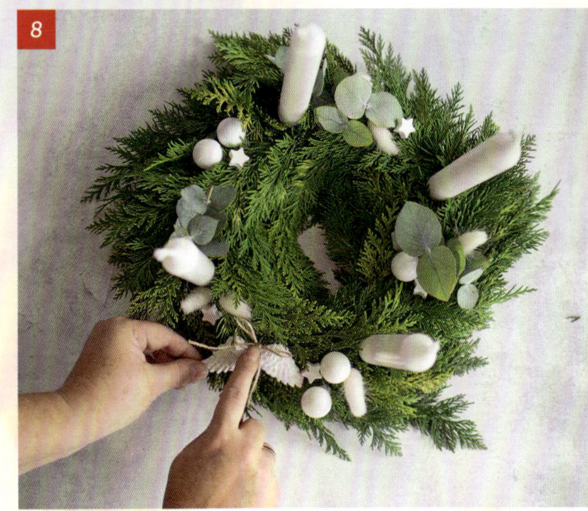

5. Stecke jeweils drei erhitzte Drähte vorsichtig von unten in eine Kerze.

6. Fixiere die Kerzen auf deinem Kranz, indem du die Kerzen mit den Drahtenden in den Kranz steckst.

7. Setze weitere Akzente mit Weihnachtskugeln oder Trockenblumen. Stecke die Trockenblumen in deinen Kranz. Die Kugeln kannst du mit Römerhaften fixieren.

8. Kleine Sternchen oder Engelsflügelchen machen deinen Kranz perfekt. Klebe sie mit Heißkleber fest. Die staunenden Blicke deiner Gäste sind dir gewiss.

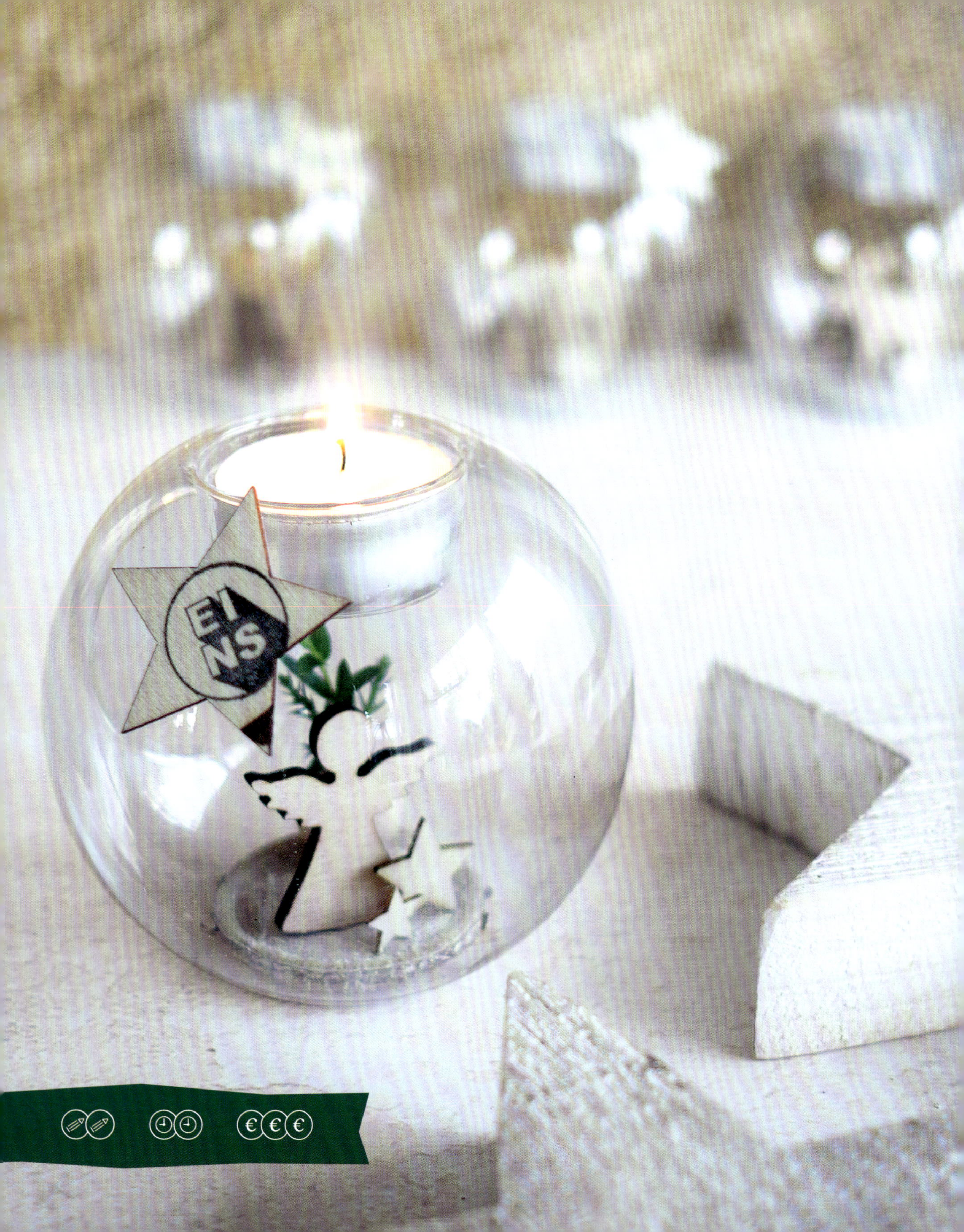
EINS

ADVENTSKRANZ-LICHTERKUGELN

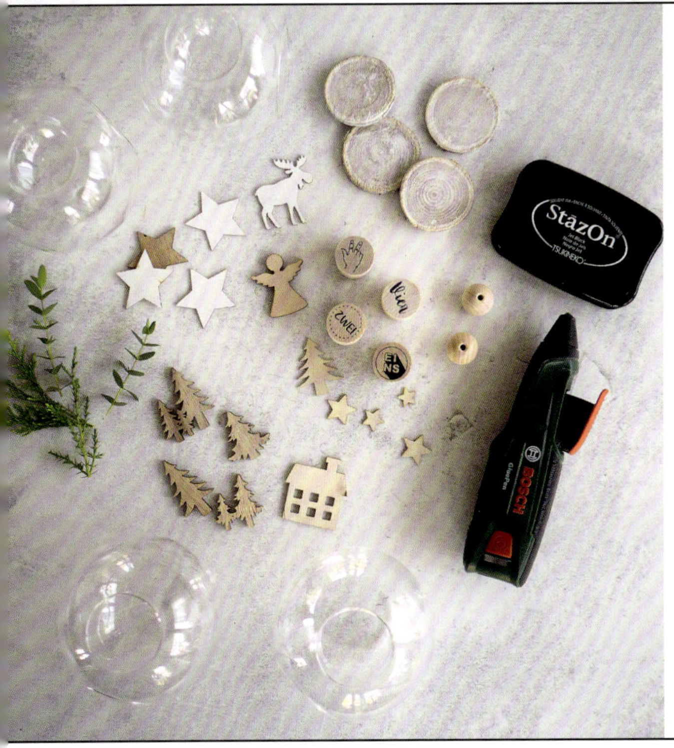

Material:

- ✓ 4 Teelicht-Kugeln (mit Teelichthalter oben und Öffnung unten für die Deko)
- ✓ Streudeko, z. B. Sterne, Häuschen, Engel, Bäume, Elche
- ✓ kleine Kugeln, gebohrt
- ✓ 4 kleine Holzscheiben, die in die untere Kugelöffnung passen
- ✓ kleine immergrüne Zweige
- ✓ 4 kleine Holzsterne

Werkzeug:

- ✓ Zahlenstempel mit den Zahlen 1 bis 4
- ✓ Stempelkissen
- ✓ Heißklebepistole

Wer kein Fan von Immergrün ist und keine Tannennadeln auf dem Tisch haben möchte, für die oder den gibt es natürlich Alternativen. Teelicht-Kugeln, die im Inneren weihnachtlich geschmückt werden können, erfüllen im 4er-Set den gleichen Zweck – Vorfreude auf das Fest.

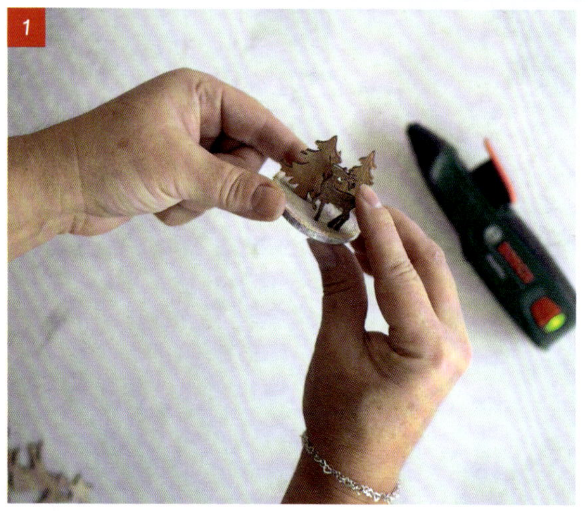

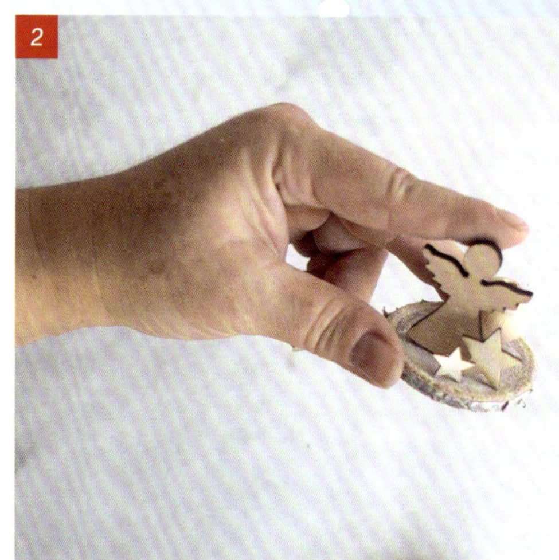

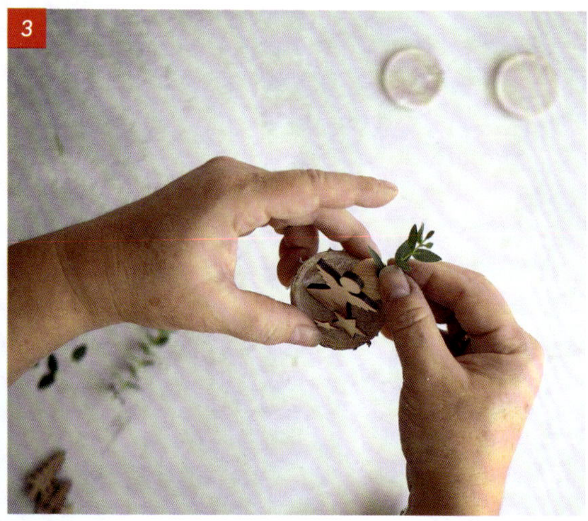

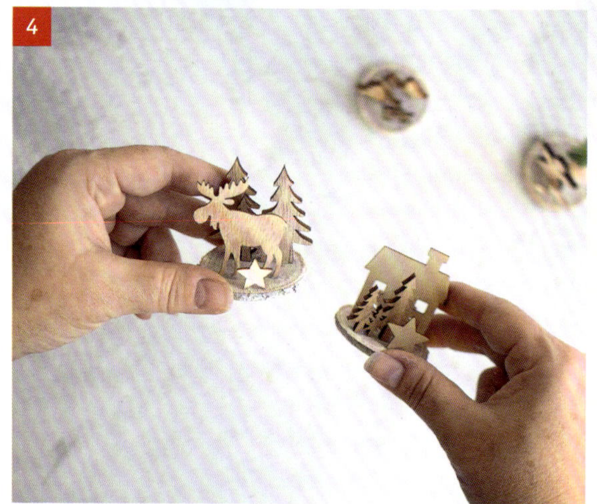

1. Klebe mit Heißkleber auf deine kleinen Holzscheiben die Streuteile auf, z. B. ein paar Bäumchen mit einem Elch oder einen Engel mit Sternchen.

2. Klebe auf ein oder zwei Holzscheiben eine gebohrte Kugel auf.

3. Nutze die Kugeln als Mini-Vase und stecke kleine grüne Zweige hinein.

4. Stelle die dekorierten Holzscheiben in deine Teelicht-Kugeln.

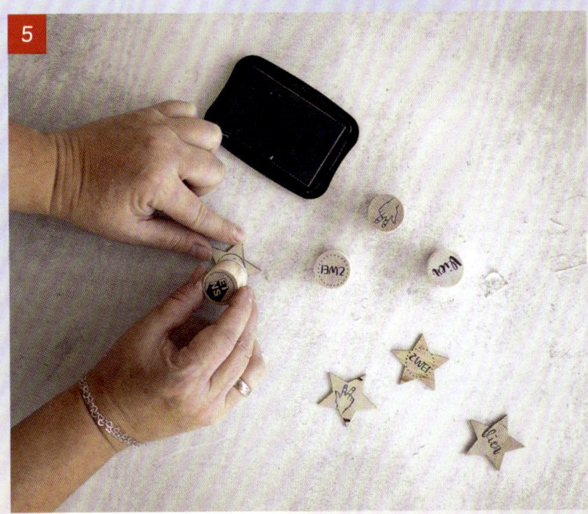

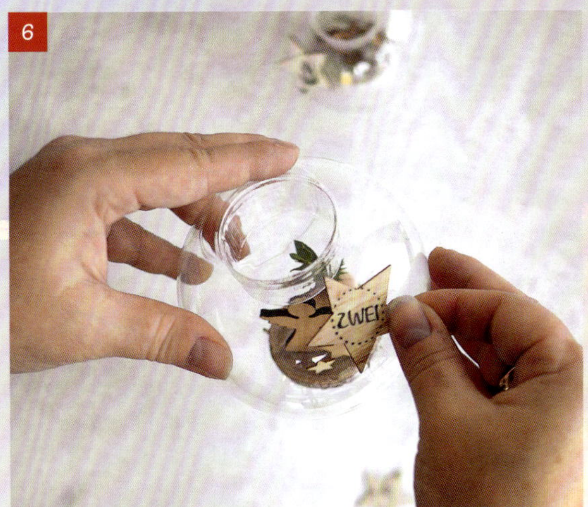

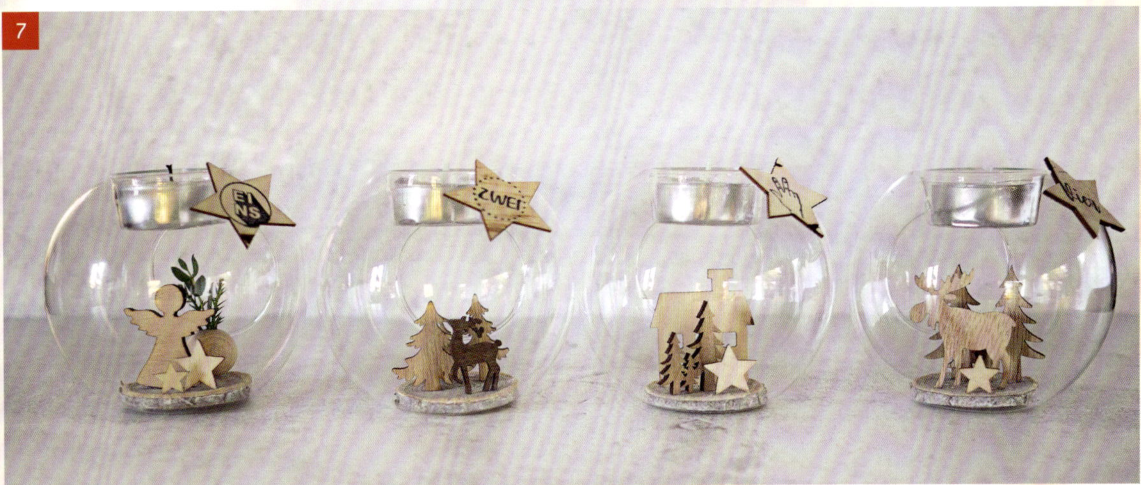

5. Beschrifte die vier kleinen Holzsternchen mit den Zahlen 1 bis 4. Du kannst die Zahlen, wie ich, auch aufstempeln.

6. Klebe die vier Sternchen mit dem Heißkleber von außen auf deine Teelicht-Kugeln.

7. Setze in jede Teelichtöffnung ein Teelicht hinein. Fertig ist dein minimalistischer, aber nicht weniger schöner Advents-»Kranz«. Für jeden Adventssonntag wartet nun ein Teelicht darauf, angezündet zu werden.

Material: Holzklötzchen, ca. 25 × 5 cm · Holzkugeln, gebohrt oder halb gebohrt · Streudeko aus Holz, z. B. Schneemann, Rentiere, Sterne · Wellpappstreifen, ca. 35 × 5 cm · kleine immergrüne Zweige

Werkzeug: Holzleim

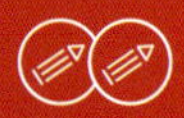  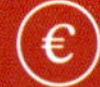

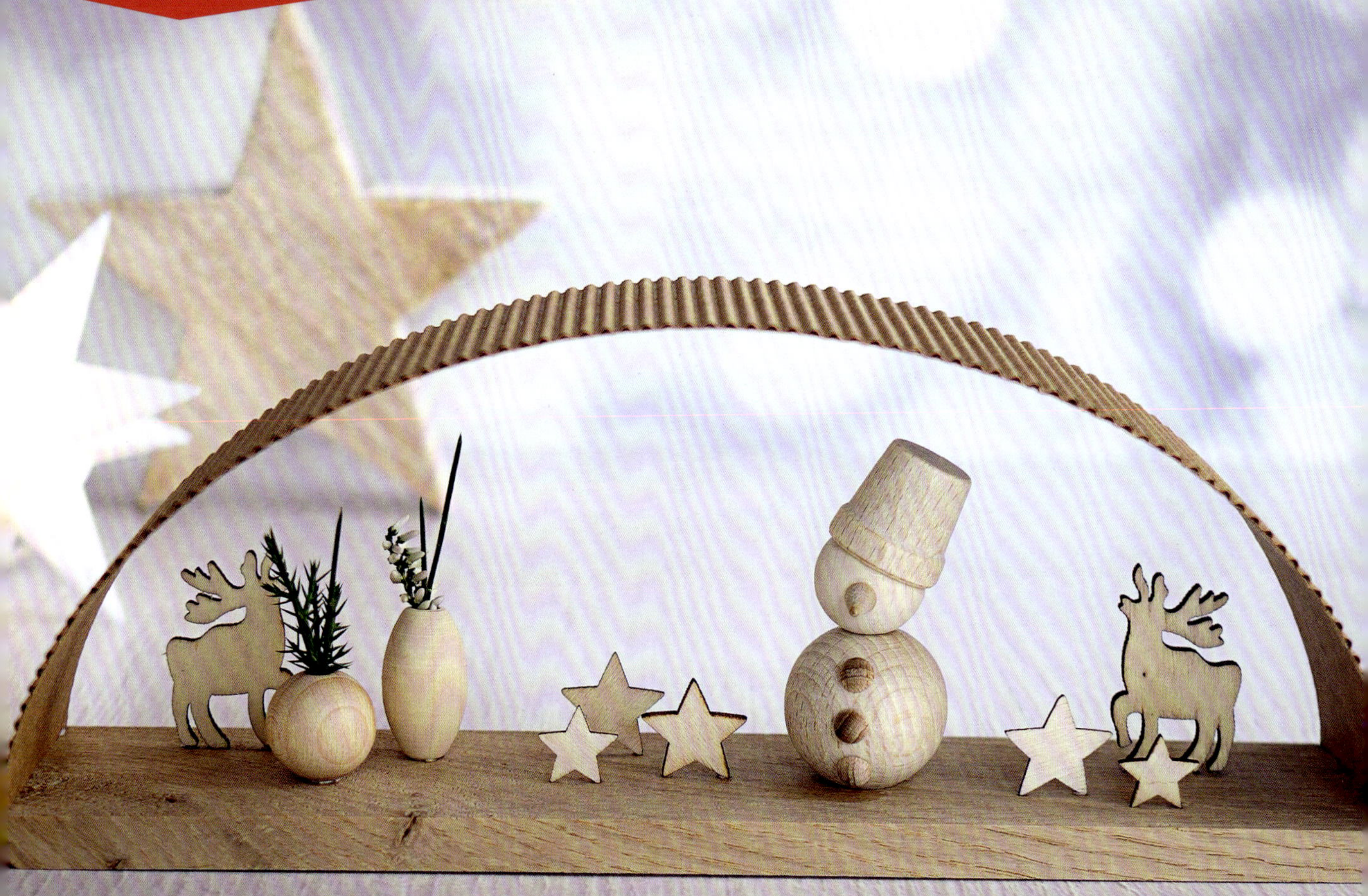

SCHWIBBOGEN »FEIN UND KLEIN«

Bei vielen darf der klassische Schwibbogen in der Weihnachtszeit nicht fehlen. Wunderbar beleuchten die geschnitzten Schönheiten so manches Fenster. Aber auch diese hübsche Abwandlung erfreut das Herz und stimmt auf die besinnliche Zeit des Jahres ein. Und so einfach ist es, die Mini-Version zu basteln.

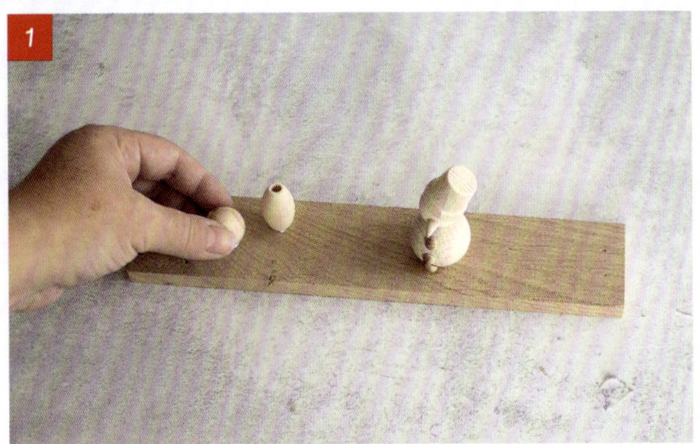

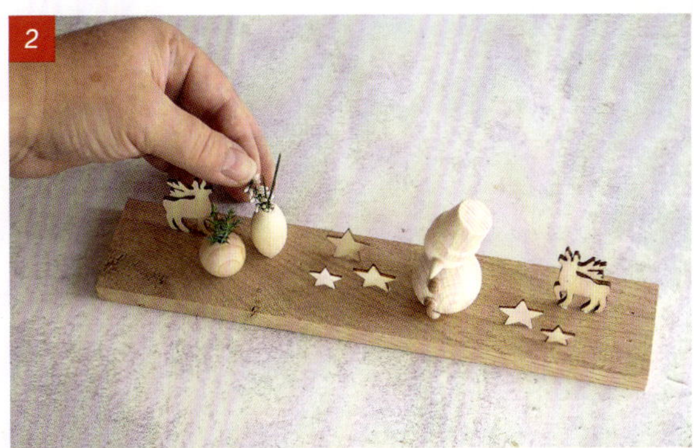

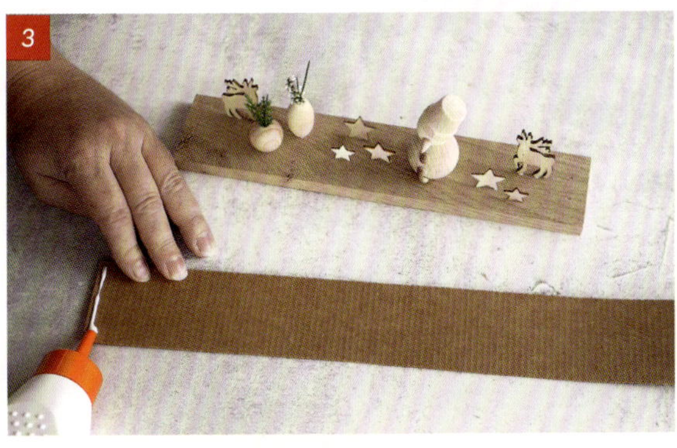

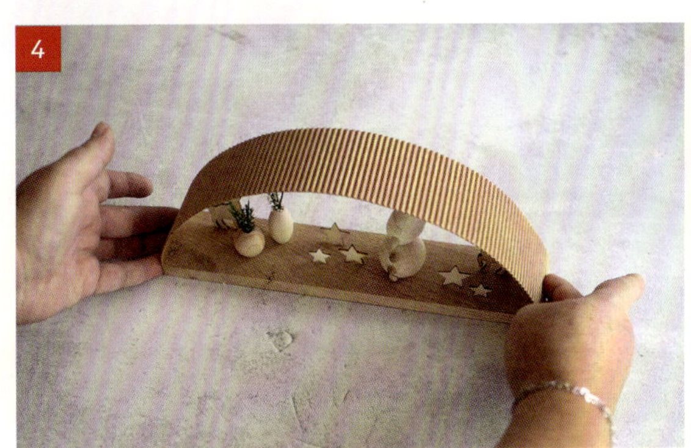

1. Positioniere mit etwas Holzleim den Schneemann an einer Stelle deiner Wahl auf dem Holzklötzchen. Arrangiere dann die halb oder ganz gebohrten Kugeln.

2. Verteile die Streuer - also hier die Sternchen und Rentiere - ganz nach deinem Geschmack. Klebe alles mit wenig Holzleim fest und lass alles gut trocknen. In die gebohrten Kugeln steckst du die immergrünen Zweige hinein.

3. Jetzt muss nur noch der Schwibbogen entstehen. Gib dafür auf deinen Papierstreifen rechts und links etwas Leim auf.

4. Klebe das Papier dann in einem Bogen an das Holzklötzchen und lass alles gut durchtrocknen.

Fertig ist deine individuelle Weihnachtsdeko, die nur noch auf einen schönen Platz am Fenster wartet. Auch als kleines Geschenk oder Mitbringsel macht der Mini-Schwibbogen sicher Freude.

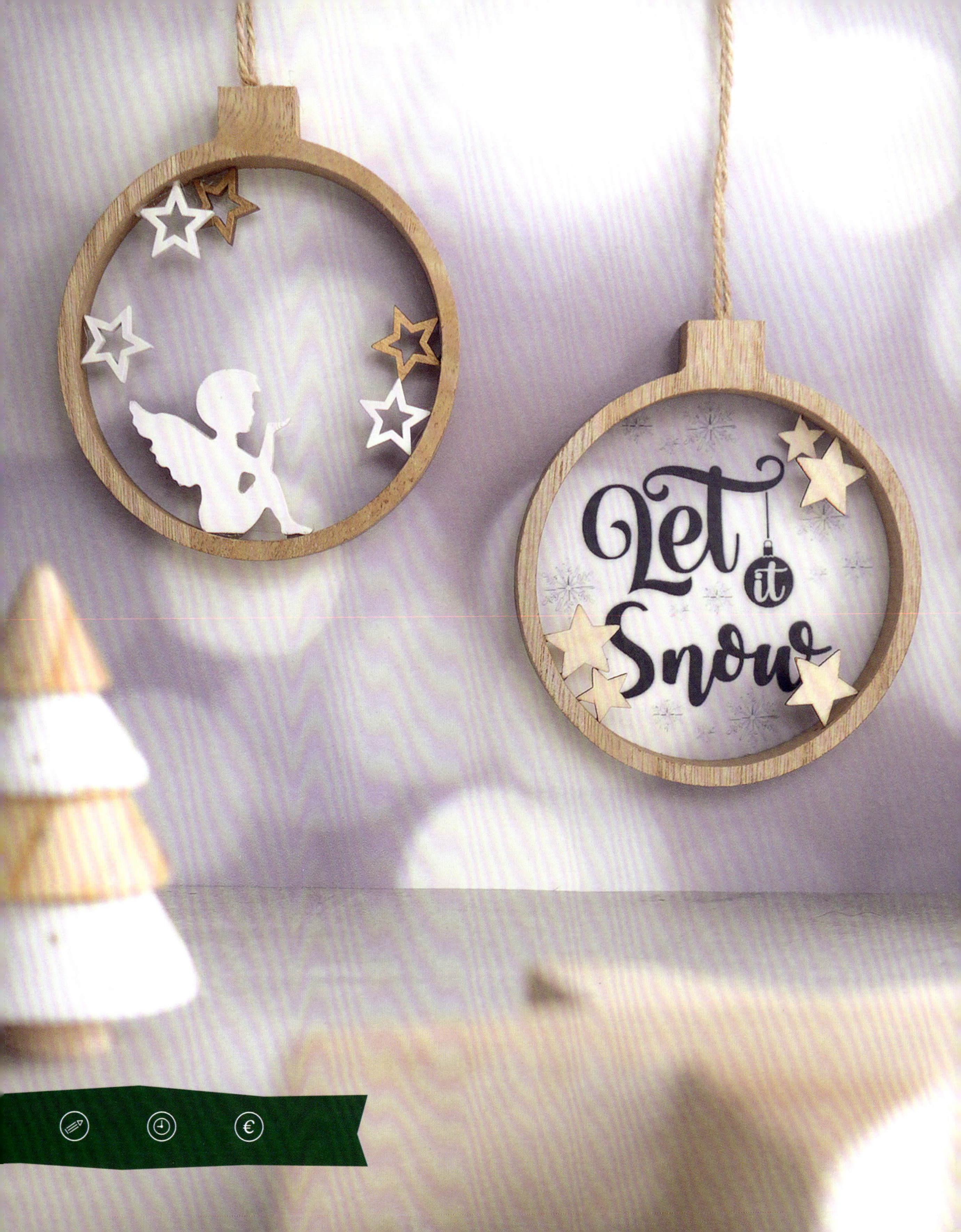
Let it Snow

WEIHNACHTEN IM FENSTERRING

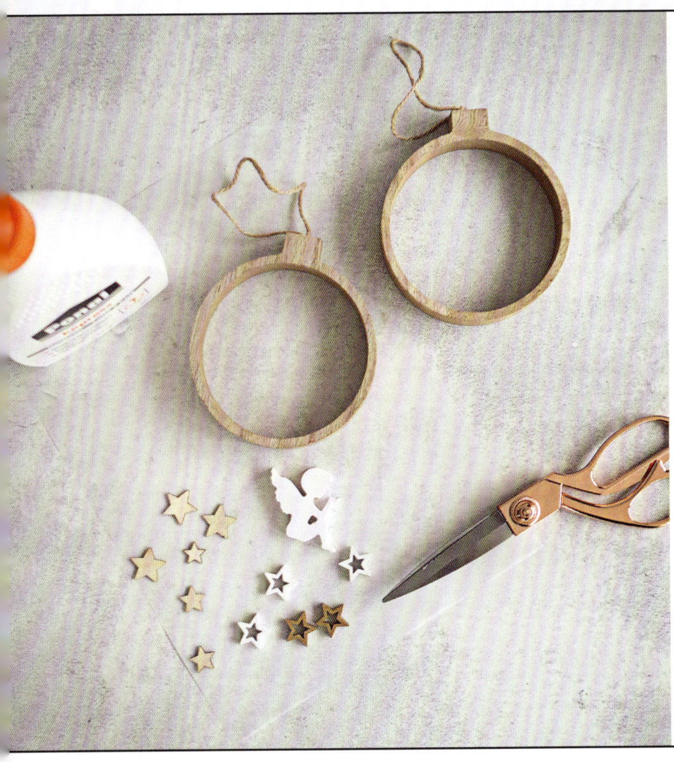

Material:

- ✓ Holzkugeln
- ✓ Streuer, z.B. Engel, Sterne etc.
- ✓ Transparentpapier

Werkzeug:

- ✓ Holzleim
- ✓ Schere

Dekoration im Fenster hat einen wundervollen Vorteil: Man kann sie von außen und von innen bestaunen. So manch klassischer Weihnachtsspaziergang lebt von den Blicken in fremde Fenster – sind diese hübsch dekoriert, macht es umso mehr Freude.

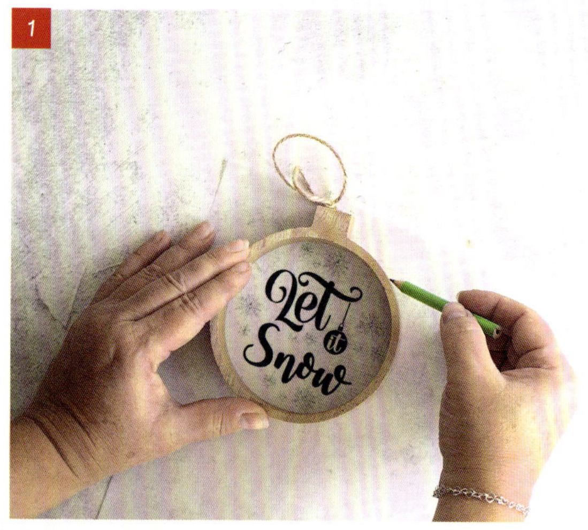

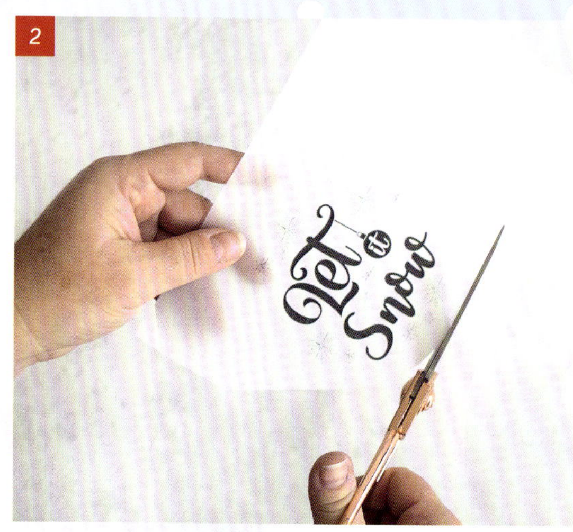

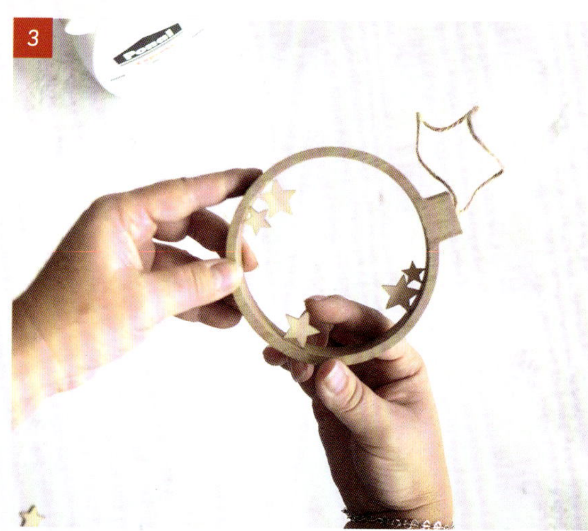

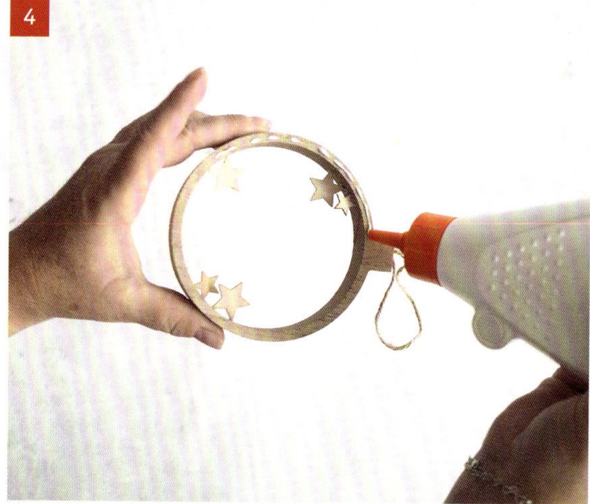

1. Drucke dein Wunschmotiv auf dem Drucker auf das Transparentpapier. Achte darauf, dass das Motiv nicht größer ist als deine Holzkugeln. Skizziere die Konturen deiner Holzkugel auf dem Papier.

2. Schneide dein Motiv nun aus dem Papier aus.

3. Platziere in der Holzkugel einige Teile der Streudeko – ich habe mich für Sternchen entschieden. Klebe sie mit Holzleim im Ringinnern fest.

4. Gib nun auf den Rand deiner Holzkugel sparsam Leim auf.

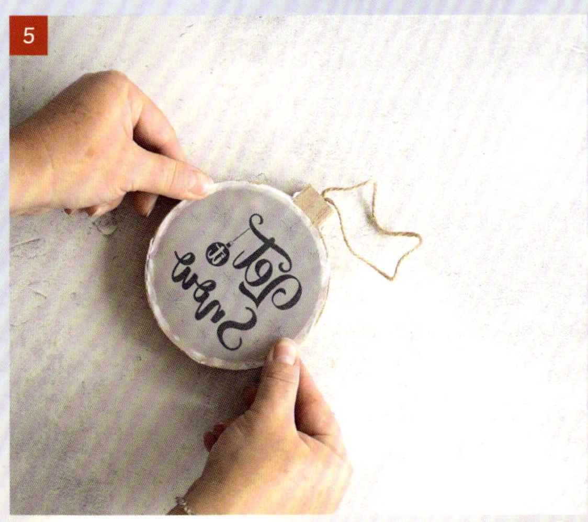

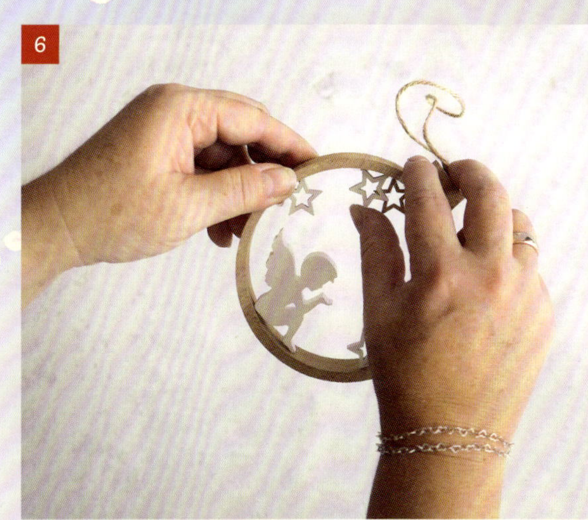

5. Klebe das Motiv auf den Ring. Lege dazu das Papier mit dem Motiv auf den Ring und streiche es fest. Lass alles gut trocknen.

6. In einer zweiten Kugel platzierst du weitere deiner Streuer. Engel, Bäumchen, Elche, Wichtel – hier sind deiner Fantasie keine Grenzen gesetzt.

Probiere dich aus, und hänge deine Kugeln dann z. B. in ein Fenster. Aber auch im Weihnachtsbaum sehen sie bestimmt super aus.

TREIBHOLZENGEL »GESUCHT-GEFUNDEN«

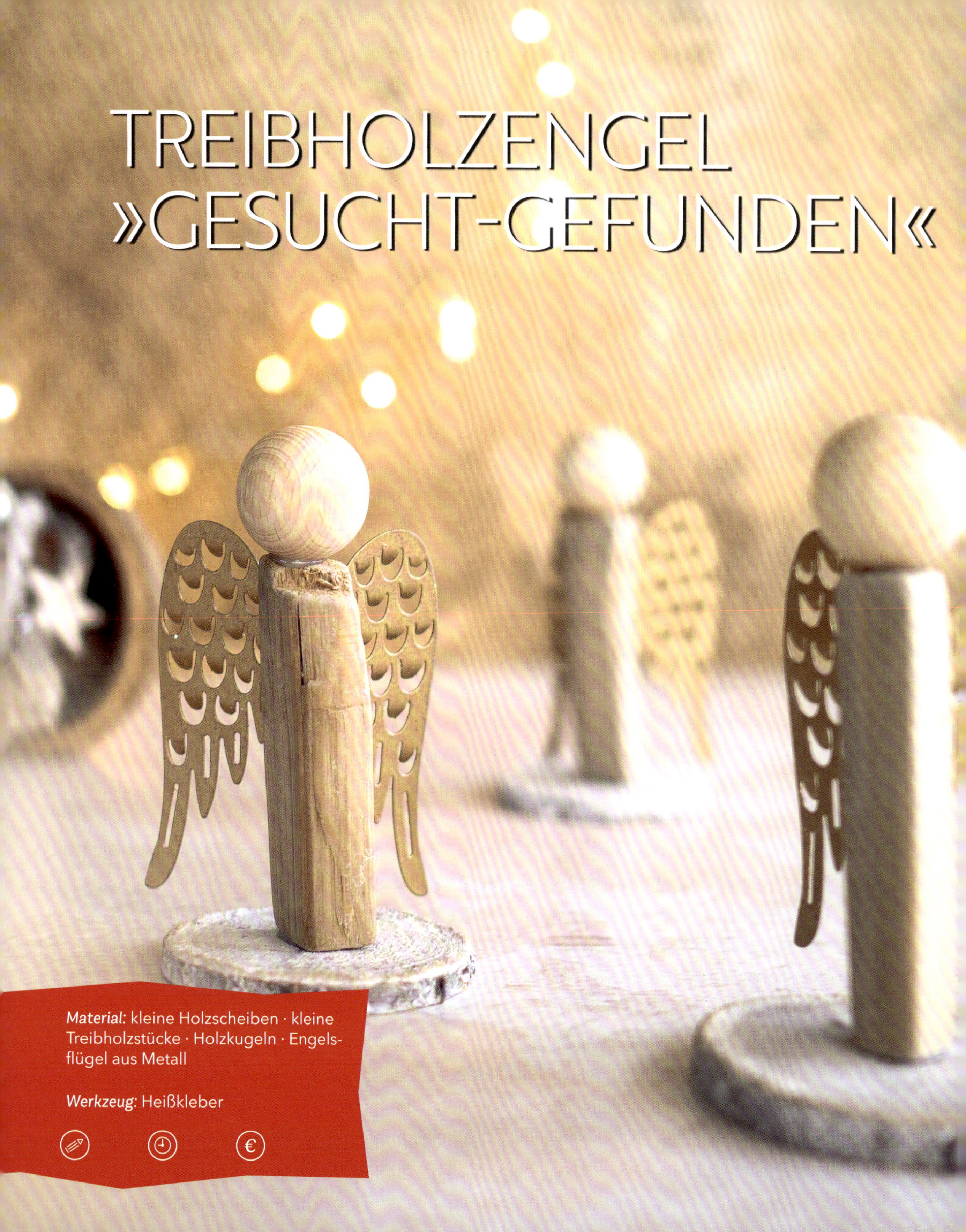

Material: kleine Holzscheiben · kleine Treibholzstücke · Holzkugeln · Engelsflügel aus Metall

Werkzeug: Heißkleber

Engel gehören zur Weihnachtszeit wie Vorfreude und leuchtende Kinderaugen. In allen Variationen erfreuen sie unser Herz. Die süßen Himmelsboten können aus unterschiedlichsten Materialien selbst hergestellt werden. Hier die Mini-Variante aus Treibholz. Du findest es bei einem Spaziergang am Fluss, am See oder am Meer, oder kannst es im Handel für Bastelbedarf kaufen.

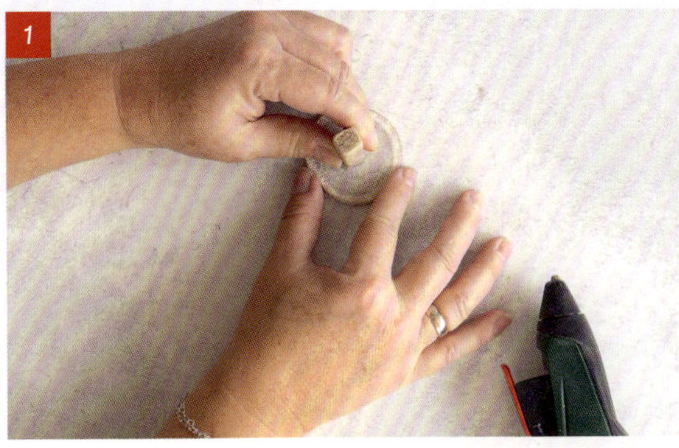

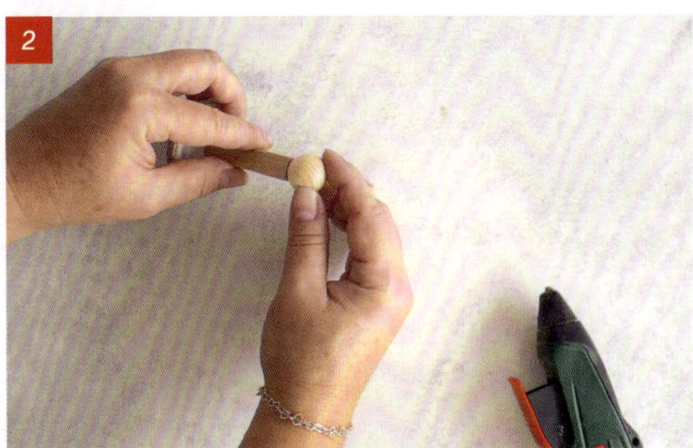

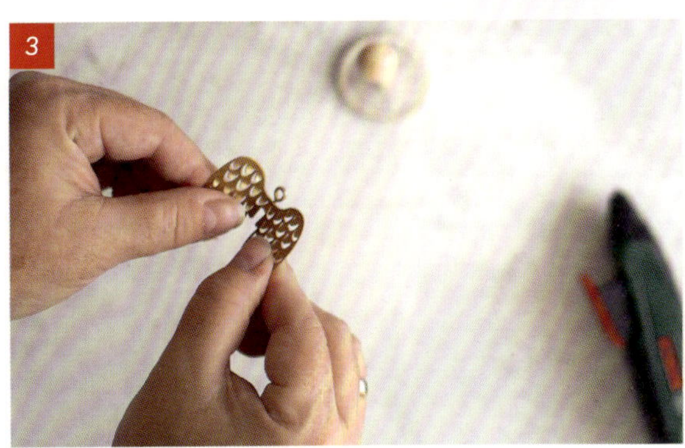

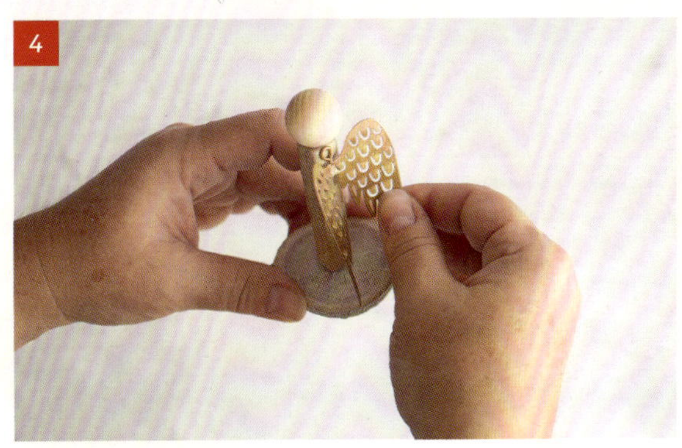

1. Klebe dein Treibholz mit Heißkleber mittig auf die kleine Holzscheibe.
2. Platziere oben auf dem Treibholz eine kleine Holzkugel und klebe sie fest.
3. Biege die Metall-Engelsflügel etwas in Form und …
4. … fixiere sie ebenfalls mit Heißkleber an deinem Treibholz.

Fertig ist dein Engel, der allein oder in einer ganzen Schar deine Weihnachtsdekoration als besonderer Hingucker bereichern wird.

TREIBHOLZ-ENGEL »GROSSER BRUDER«

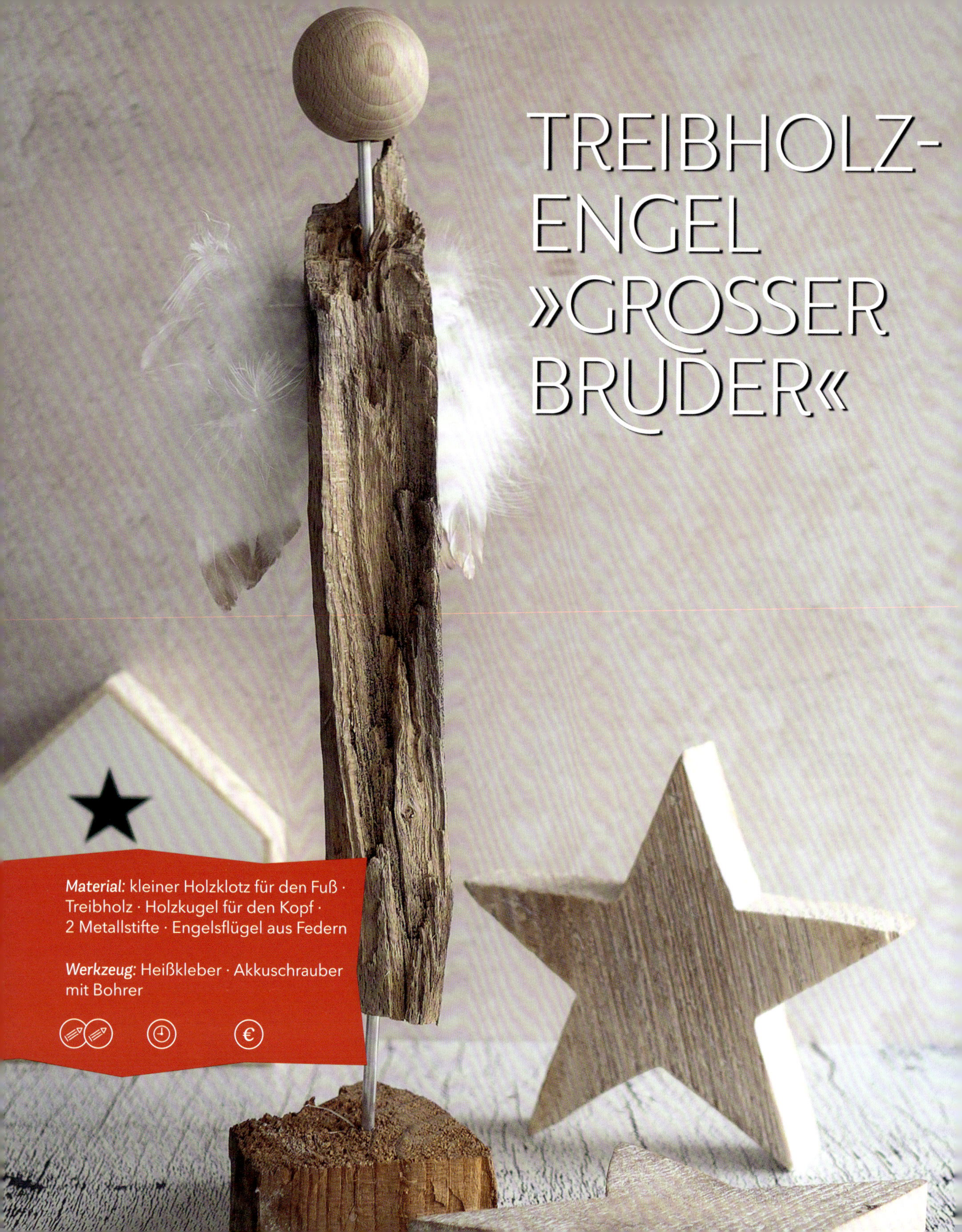

Material: kleiner Holzklotz für den Fuß · Treibholz · Holzkugel für den Kopf · 2 Metallstifte · Engelsflügel aus Federn

Werkzeug: Heißkleber · Akkuschrauber mit Bohrer

Manchmal findet sich auf einem schönen Spaziergang – ob im Wald oder am Strand – ein wundervolles Stück Holz. Daraus kannst du einzigartige dekorative Stücke gestalten: In diesem Fall ist es ein Treibholzengel als großer Bruder zu den Treibholzengelchen oben.

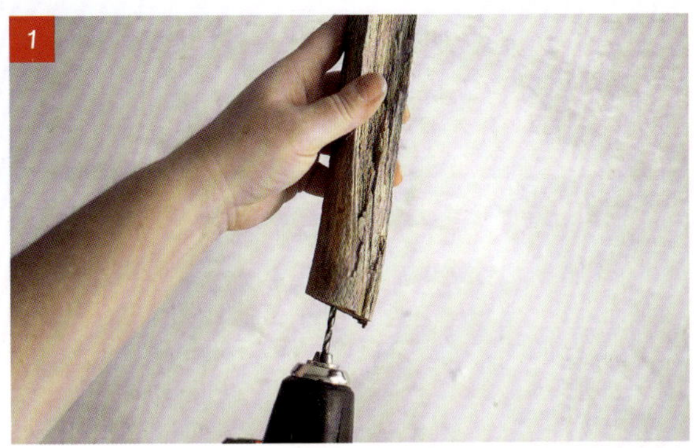
1

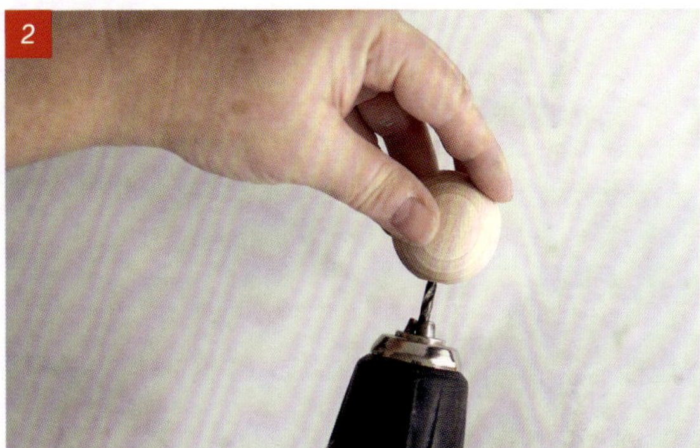
2

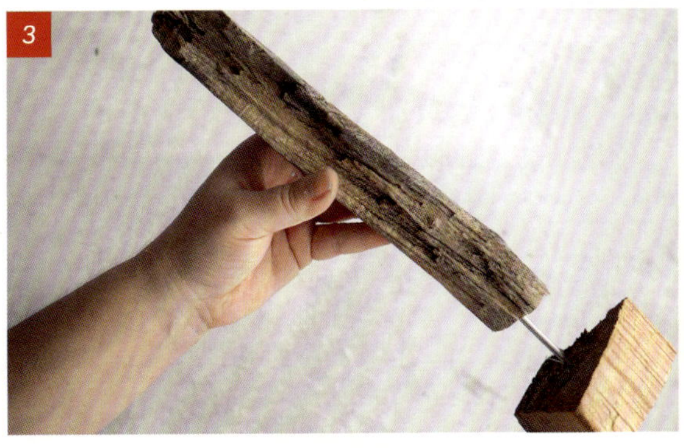
3

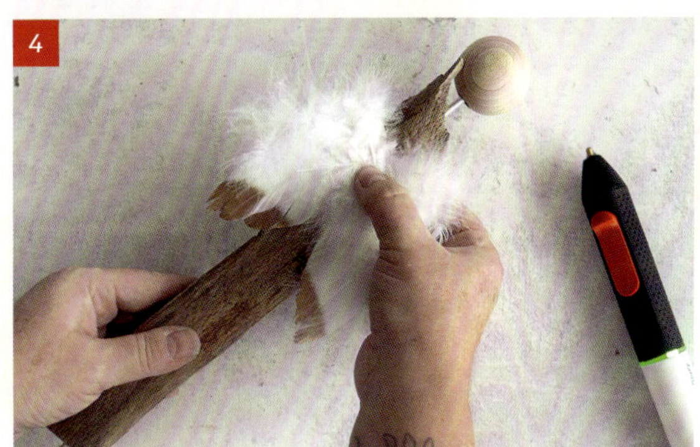
4

1. Bohre von oben und unten ein Loch in dein Fundholz. Der Durchmesser ist abhängig von den Metallstiften, die du verwendest.

2. Bohre zudem in die Holzkugel und in den Holzklotz, den du als Fuß verwendest, ein Loch.

3. Stecke alle Teile zusammen: einen Metallstift zwischen den Holzklotz und das Treibholz und einen Metallstift zwischen Treibholz und Holzkugel.

4. Fixiere zum Schluss noch die Flügelchen mit etwas Heißkleber. Fertig ist dein Engel, der dich an deinen Spaziergang und den schönen Holz-Fund erinnern wird.

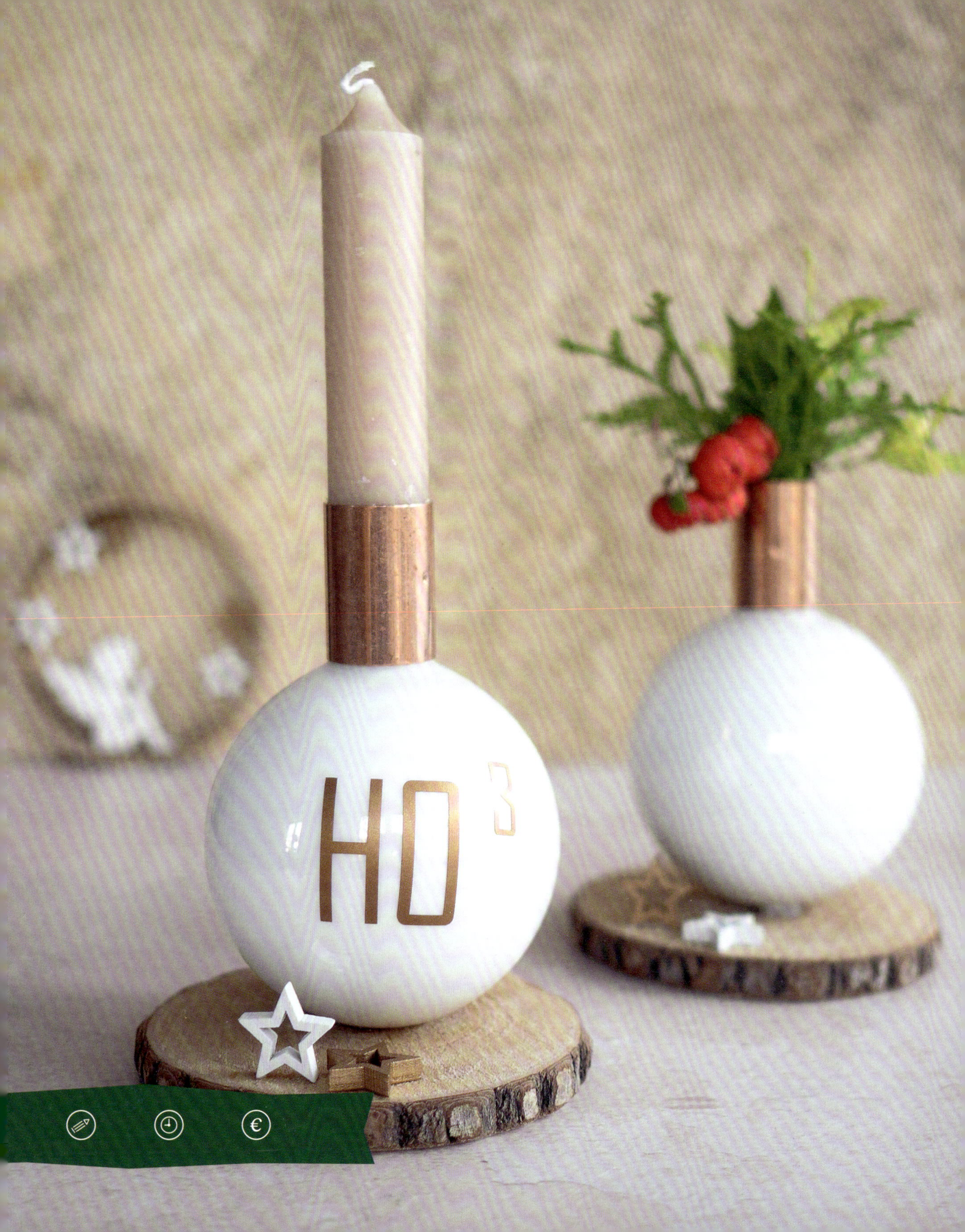
HO
3

KUGELVASE UND KERZENSTÄNDER – WEIHNACHTLICHES DUO

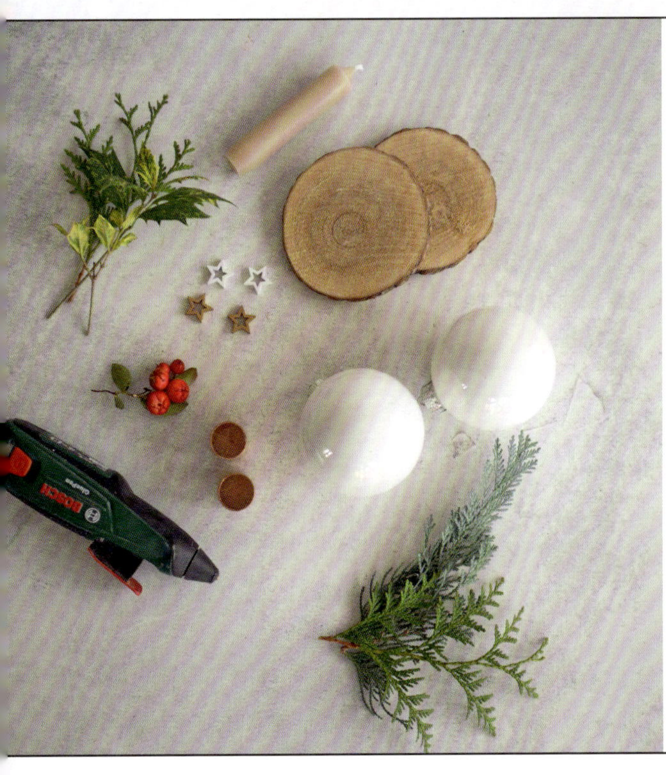

Material:

- ✓ Weihnachtskugeln
- ✓ Holzscheiben
- ✓ Streudeko, z. B. Sterne
- ✓ immergrüne Zweige
- ✓ Kupfermuffen, Ø 22 mm
- ✓ Kerze

Werkzeug:

- ✓ Heißkleber

Du denkst bei Kupfermuffen nicht unbedingt an Weihnachten? Das ist verständlich. Dennoch haben sie die perfekte Größe für einen Kerzenständer. Zusammen mit deinen Lieblingsweihnachtskugeln werden sie zum echten Hingucker.

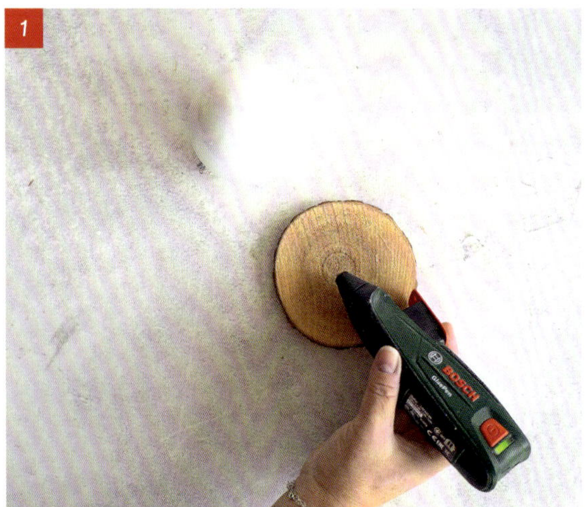

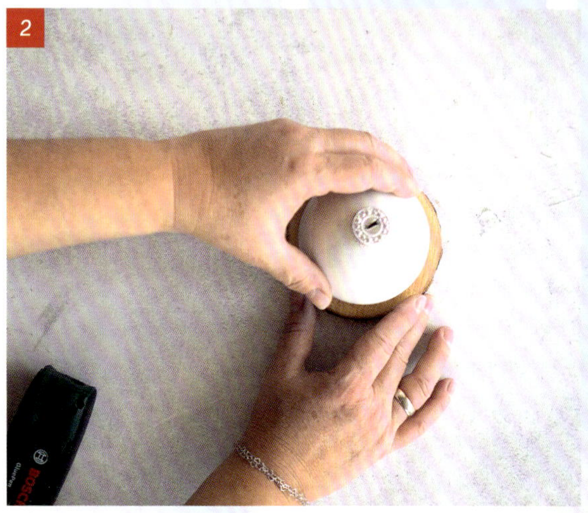

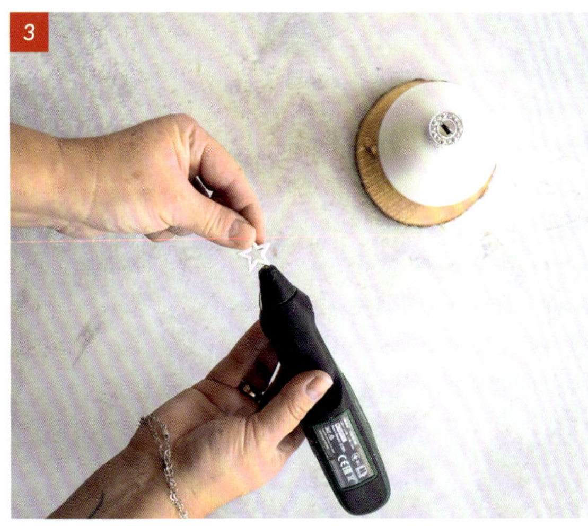

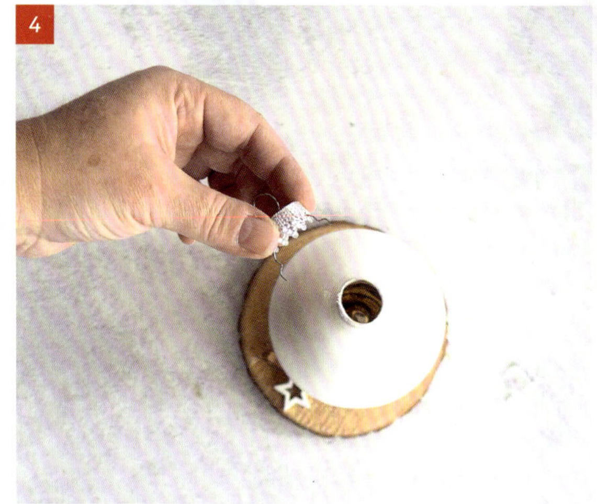

1. Bring etwas Heißkleber auf deine Holzscheibe …

2. … und klebe die Weihnachtskugel darauf.

3. Bringe neben die Holzkugel deine weihnachtliche Streudeko nach Lust und Laune an. Ich habe mich hier für Sterne entschieden.

4. Nimm die Aufhängung deiner Weihnachtskugel ab, klebe an ihrer Stelle die Kupfermuffe auf die Kugel.

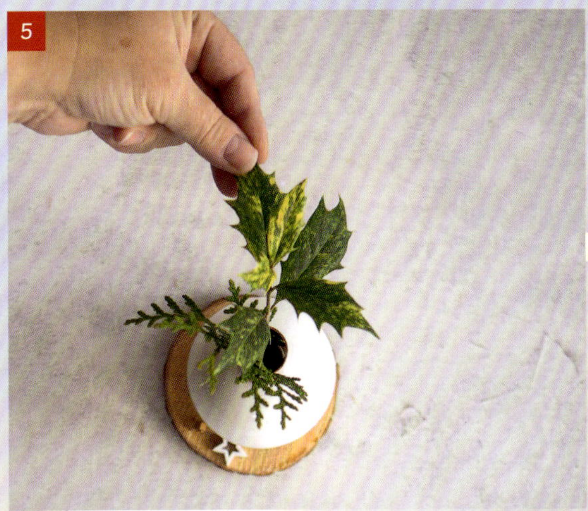

5

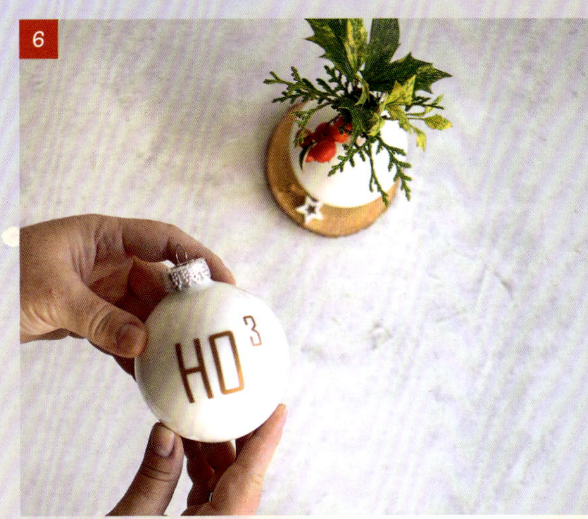

6

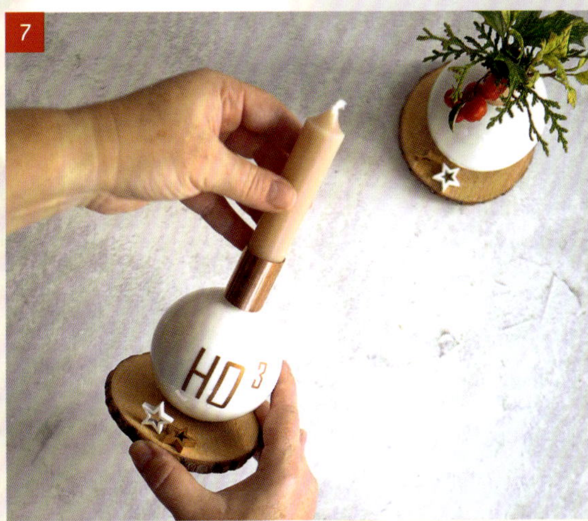

7

7. Mit 22 mm hat die Muffe genau den Durchmesser, um eine handelsübliche Kerze aufzunehmen. Ein echter Hingucker, dieses Duo.

5. Wenn du die Weihnachtskugel als Vase verwenden möchtest, fülle Wasser ein und stecke deine immergrünen weihnachtlichen Zweige hinein.

6. Die andere Kugel kannst du als Kerzenständer verwenden. Ich habe hier noch ein Motiv mit Vinylfolie aufgetragen.

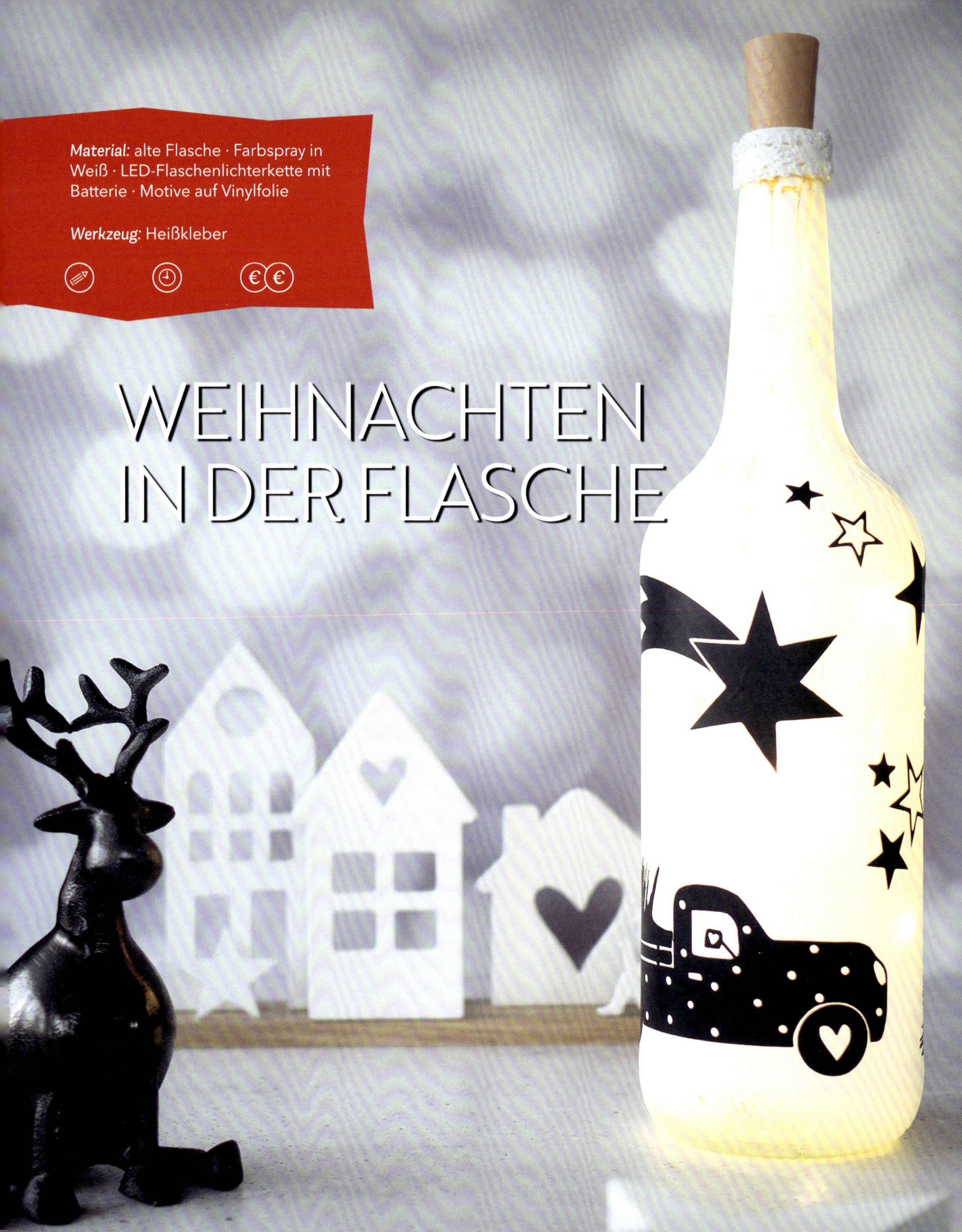

Material: alte Flasche · Farbspray in Weiß · LED-Flaschenlichterkette mit Batterie · Motive auf Vinylfolie

Werkzeug: Heißkleber

€€

WEIHNACHTEN IN DER FLASCHE

Kerzenlicht und Lichterketten dürfen in der Vorweihnachtszeit nicht fehlen. Ein Licht in einer hübsch gestalteten Flasche erzählt kleine Geschichten und erfreut unser Herz.

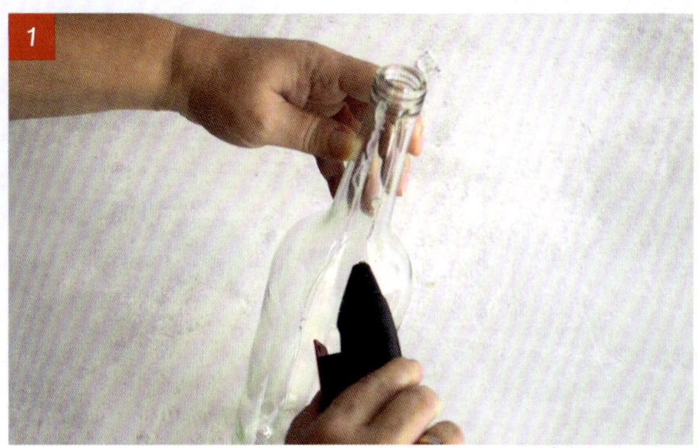

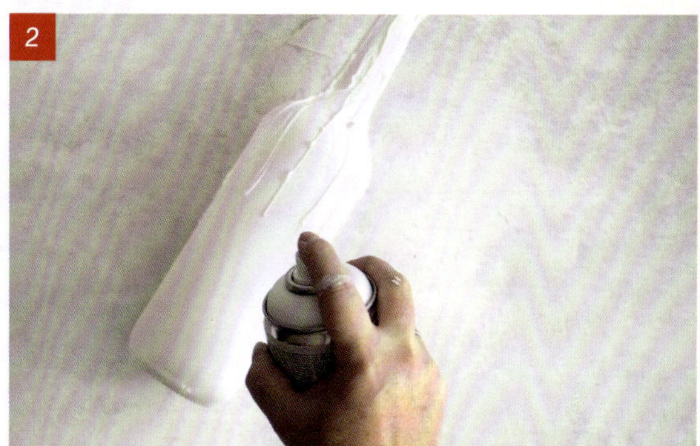

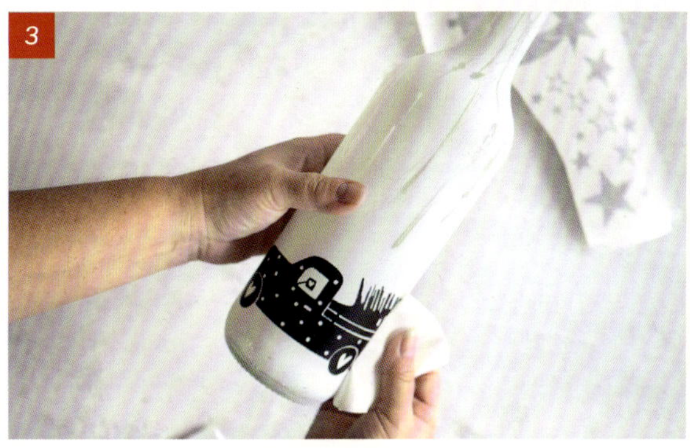

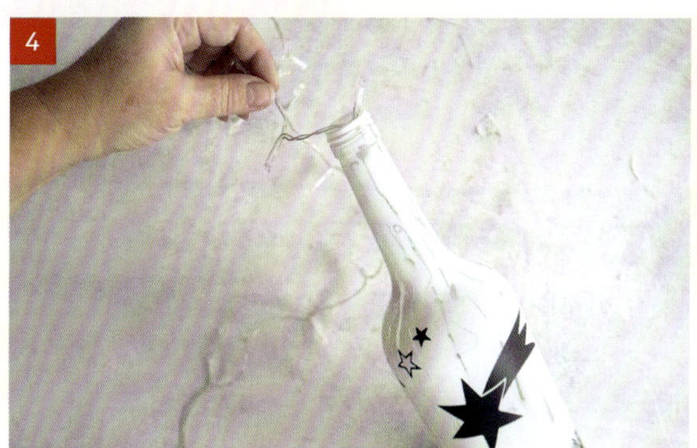

1. Bring zuerst mit dem Heißkleber im oberen Drittel der Flasche rundherum Klebernasen auf.

2. Sprühe die Flasche dann weiß an und lass sie gut trocknen. Entferne danach den Kleber wieder. Durch die Stellen ohne Farbe scheint später das Licht ganz wunderbar.

3. Bringe die Motive auf. Ich habe diese vorab an einem Hobbyplotter hergestellt. Du findest aber auch im Internet eine große Auswahl an fertigen Motiven auf Vinylfolie.

4. Stecke die Lichterkette in die Flasche.

   Tipp: Es gibt extra Lichterketten für Flaschen. Sie haben den Schalter im Zierkorken.

   Viel Spaß mit diesem wundervollen Lichteffekt.

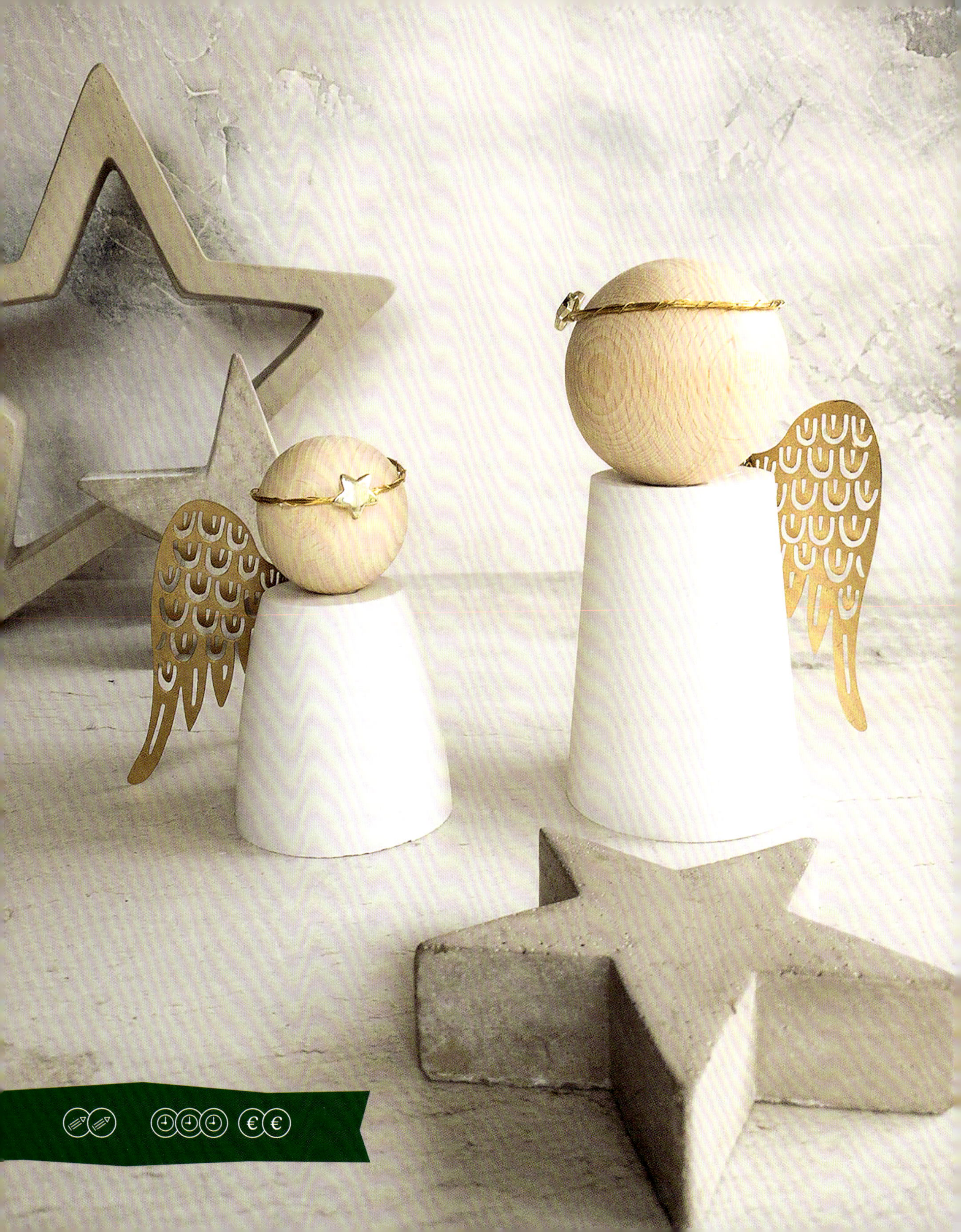

ENGEL – WIE HINGEGOSSEN

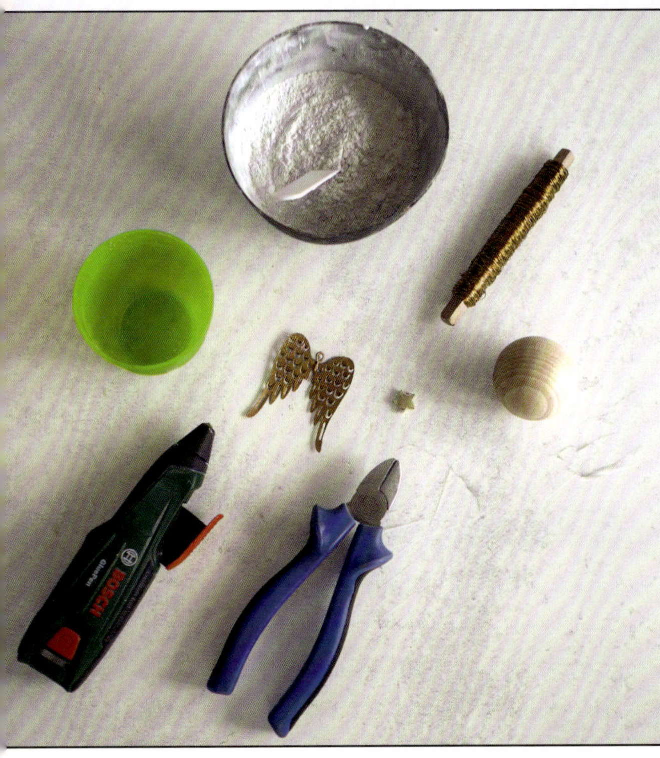

Material:

- ✓ Gießpulver (Raysin) und Wasser
- ✓ Holzkugel
- ✓ Engelsflügel
- ✓ dünner Wickeldraht
- ✓ kleiner Stern

Werkzeug:

- ✓ Heißkleber
- ✓ Seitenschneider
- ✓ Plastikbecher in verschiedenen Größen

Sehen diese Himmelsboten nicht zauberhaft aus? Du kannst sie ganz einfach herstellen, und das in beliebigen Größen. Probiere es aus!

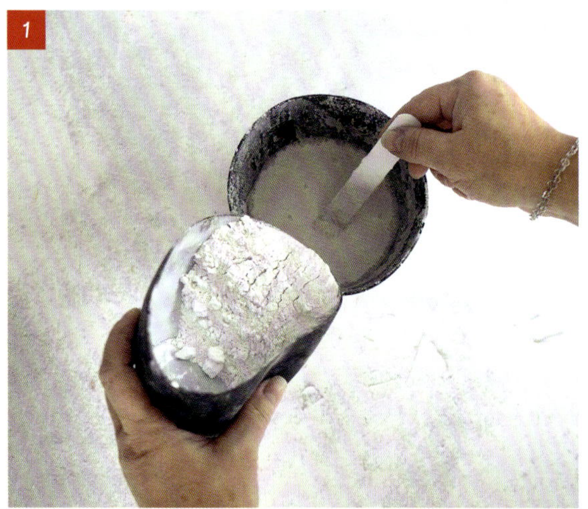

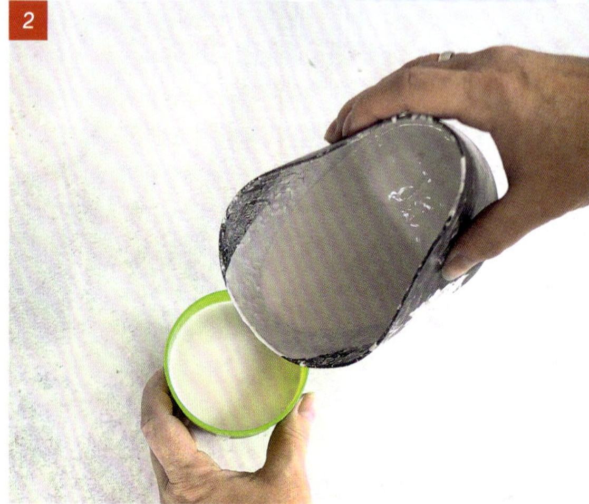

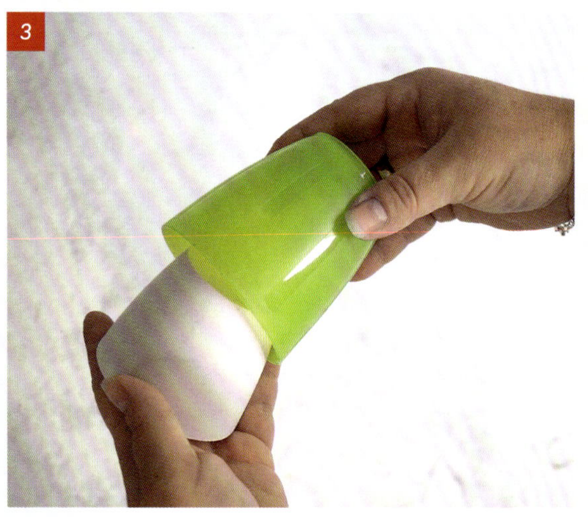

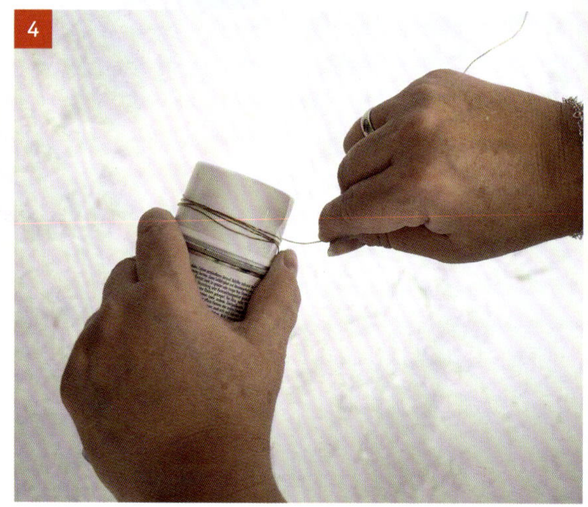

1. Rühre das Gießpulver im angegebenen Mischungsverhältnis mit Wasser an.

2. Fülle die Masse in den Plastikbecher.

   Tipp: Lass oben einen kleinen Rand stehen, so lässt sich die Form später besser auslösen.

3. Wenn das Gießpulver fest ist, nimm das Gießstück aus dem Becher. Manchmal braucht es ein, zwei ordentliche Stöße auf die Tischplatte. Lass die Masse gut durchtrocknen, bis sie sich nicht mehr feucht und kalt anfühlt.

4. Wickle auf einem zylinderförmigen Gegenstand (mit einem etwas kleineren Durchmesser als dem der Kugel) einige Runden Draht auf und ziehe ihn vorsichtig ab.

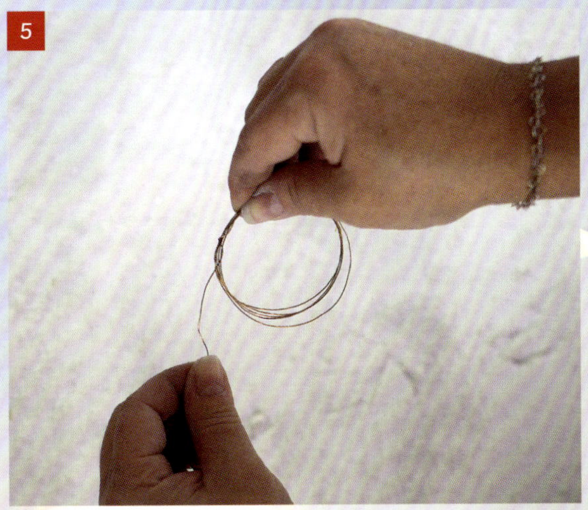

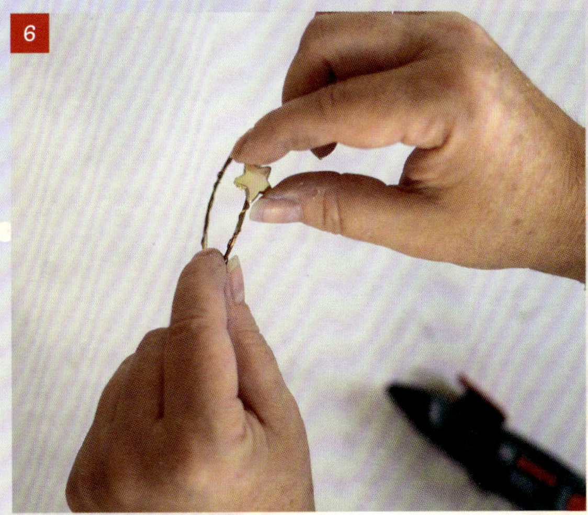

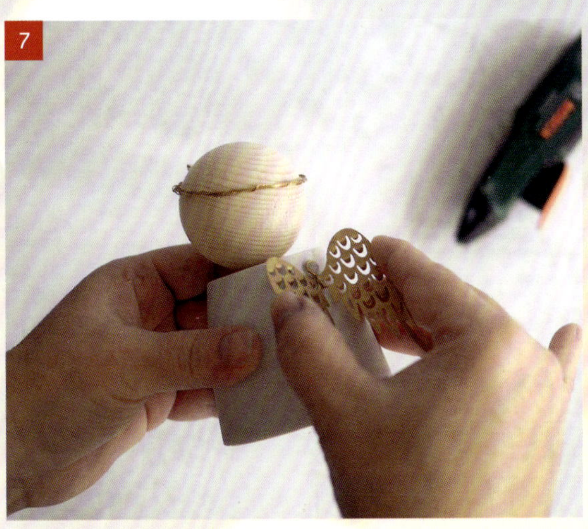

5. Winde ein Drahtende mehrfach um den Drahtring, um ihn zu stabilisieren.

6. Klebe mit Heißkleber einen kleinen Stern an den Drahtring. Setze ihn als Heiligenschein auf die Holzkugel.

7. Klebe die Holzkugel dann mit Heißkleber auf den Raysinkörper und klebe auch die Flügel an passender Stelle fest.

Aus unterschiedlichen Bechergrößen entstehen verschiedene Himmelsboten, die sich auch als Geschenk ganz wunderbar eignen.

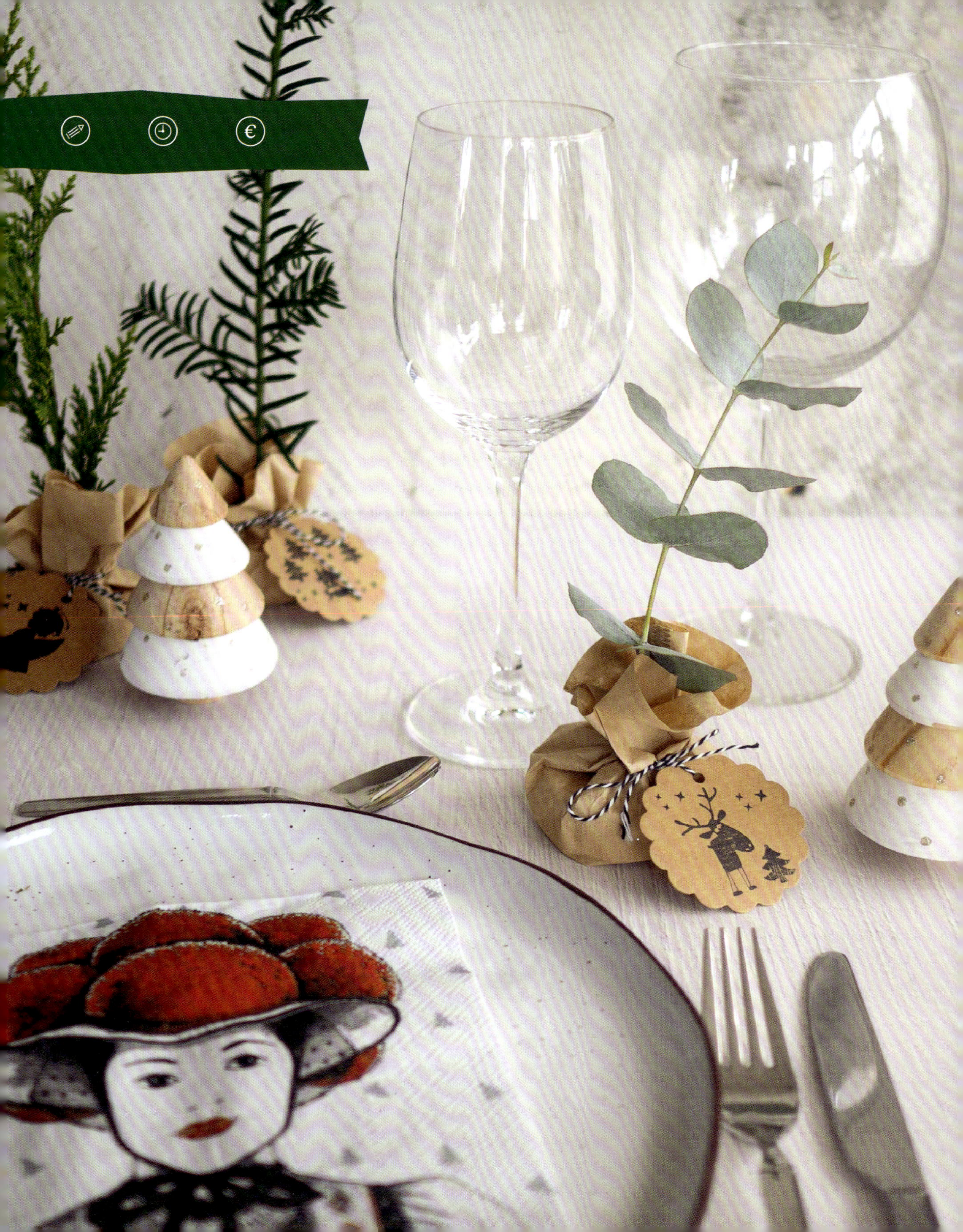

WEIHNACHTS-BÄUMCHEN

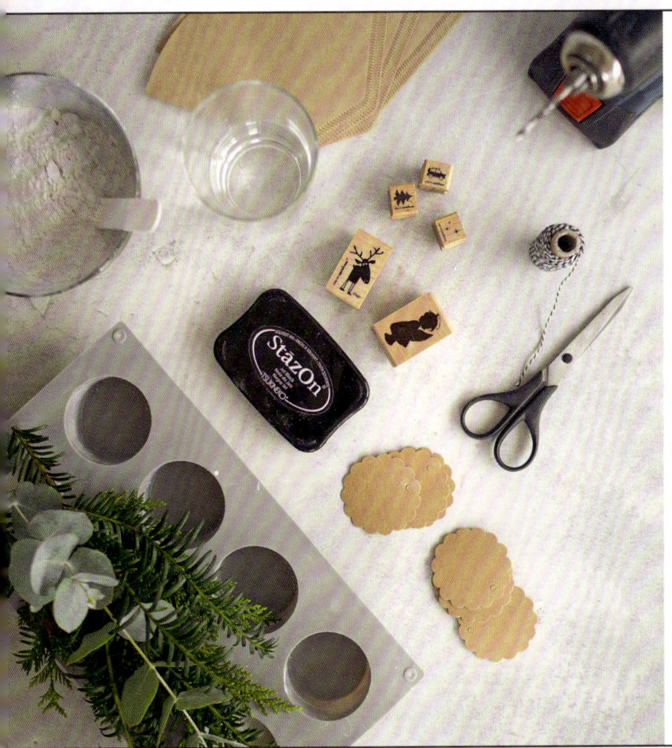

Material:

- ✓ Gießpulver (Raysin) und Wasser
- ✓ Filtertüten
- ✓ immergrüne Zweige, z. B. Eibe, Konifere, Eukalyptus
- ✓ Schnur
- ✓ Geschenkeanhänger

Werkzeug:

- ✓ Akkuschrauber mit Bohrer
- ✓ Schere
- ✓ Silikonbackform für die runden Sockel
- ✓ Stempel und Stempelkissen

Wer sagt, dass Weihnachtsbäume immer mannshoch sein müssen! Diese kleinen Bäumchen machen als Tischdekoration eine gute Figur. Der kleine Anhänger überbringt so manche liebe Botschaft.

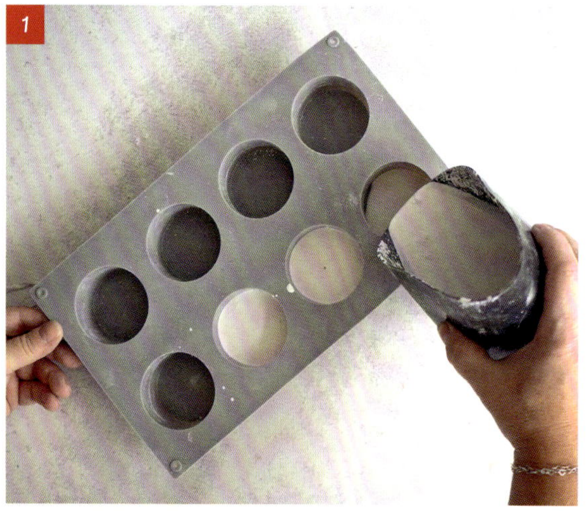

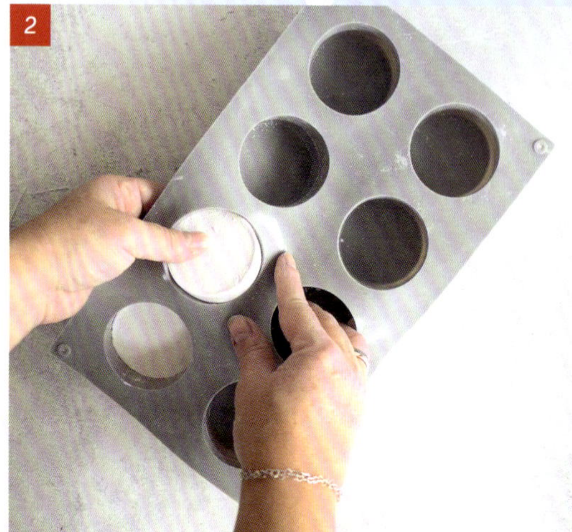

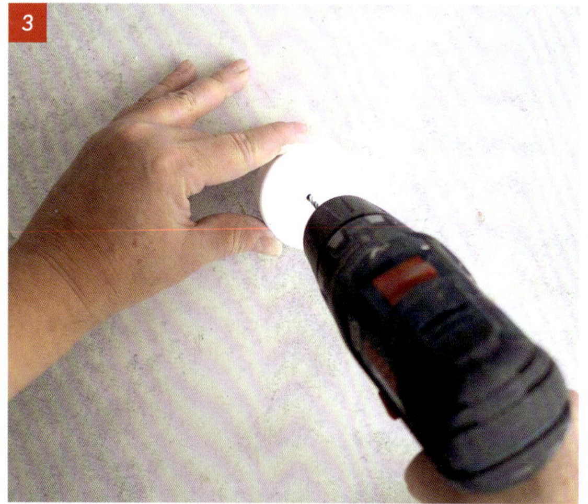

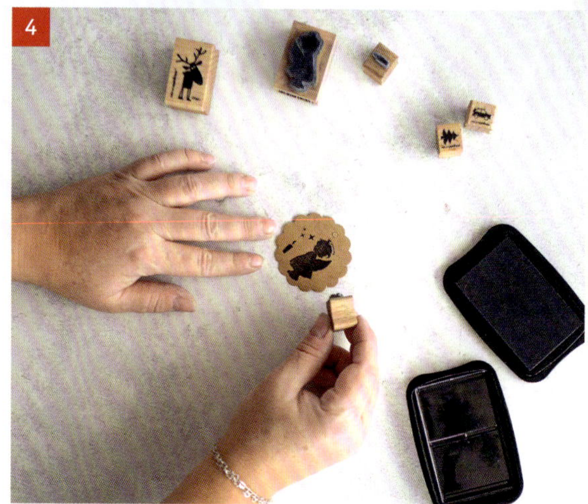

1. Rühre das Gießpulver im angegebenen Mischungsverhältnis mit Wasser an und fülle es in die Silikonbackform.

2. Löse die kleinen runden Scheiben aus, wenn das Gießpulver fest ist, und lass sie gut durchtrocknen.

3. Bohre in die Mitte der Scheiben ein Loch. Die Stärke ist abhängig von der Dicke der Zweige des Immergrüns.

4. Bestempele oder beschreibe deine Geschenkeanhänger nach Geschmack.

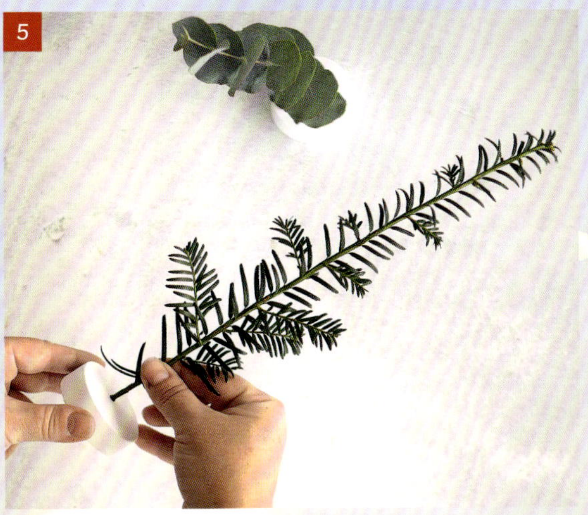

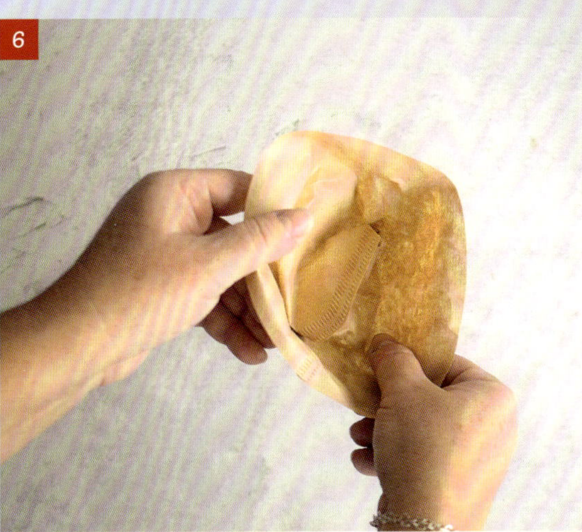

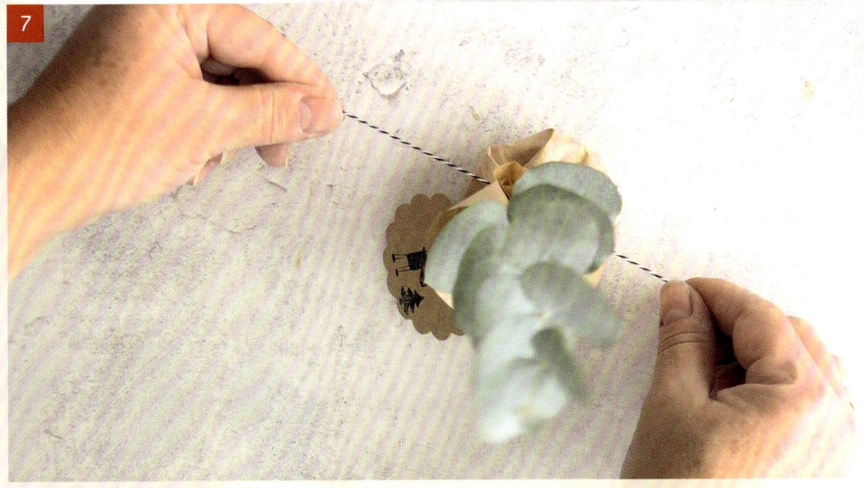

5. Stecke deine Zweige in das Loch der Scheibe.

6. Nimm die Kaffee-Filtertüte und drehe sie auf links.

7. Stelle dein Bäumchen in die Filtertüte und schnüre das »Säckchen« mit einer schönen Schnur zu. Bringe deinen Geschenkanhänger am Bäumchen an.

Du kannst diese Bäumchen dekorieren und verschenken. Auf der Festtafel eignen sie sich auch als Platzkärtchen, wenn du auf dem Anhänger den Namen deines Gastes anbringst. Alle dürfen ihr Bäumchen nach dem Festessen mit nach Hause nehmen und haben eine schöne Erinnerung an ein wundervolles Fest.

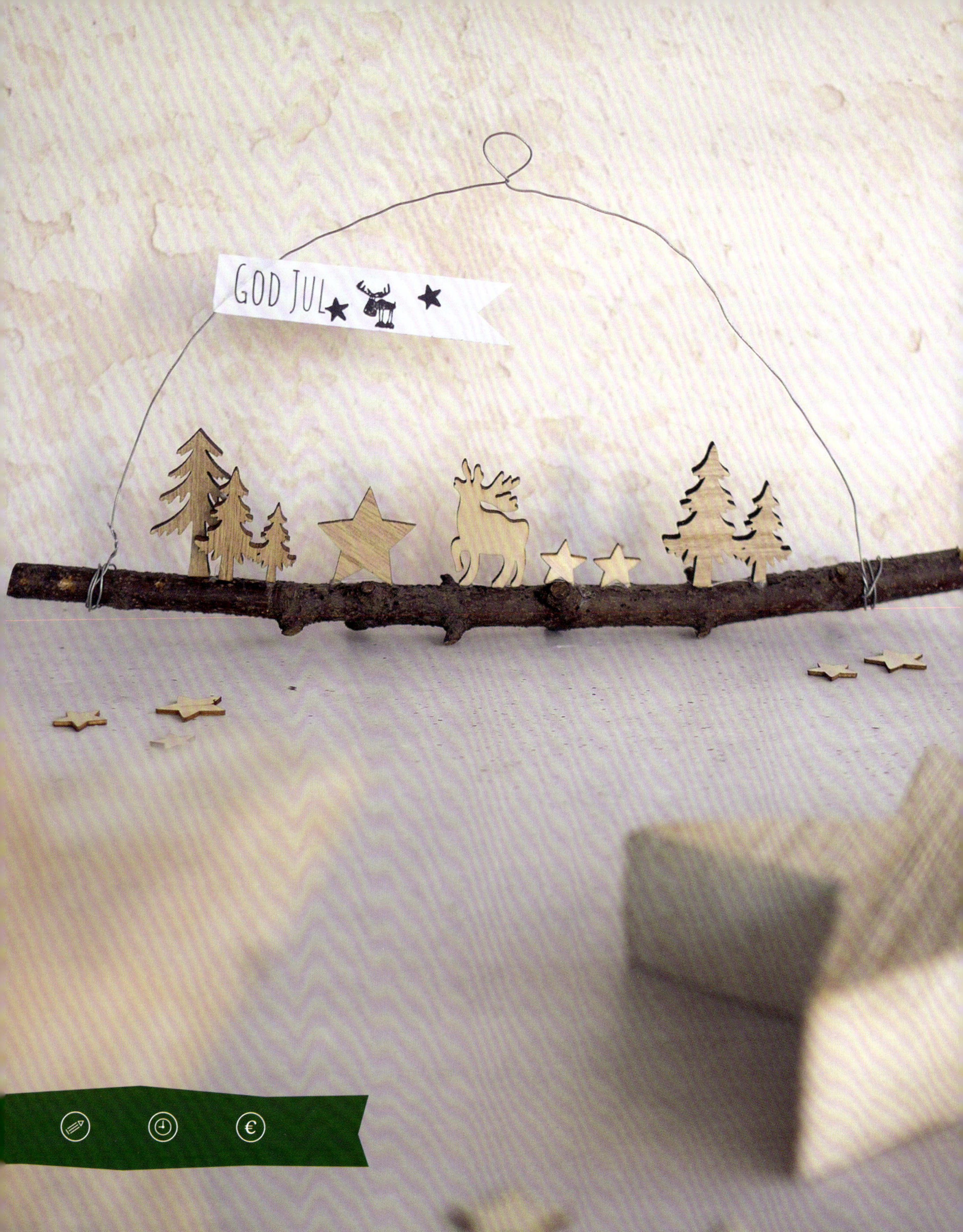
GOD JUL

»GOD JUL«-HÄNGER

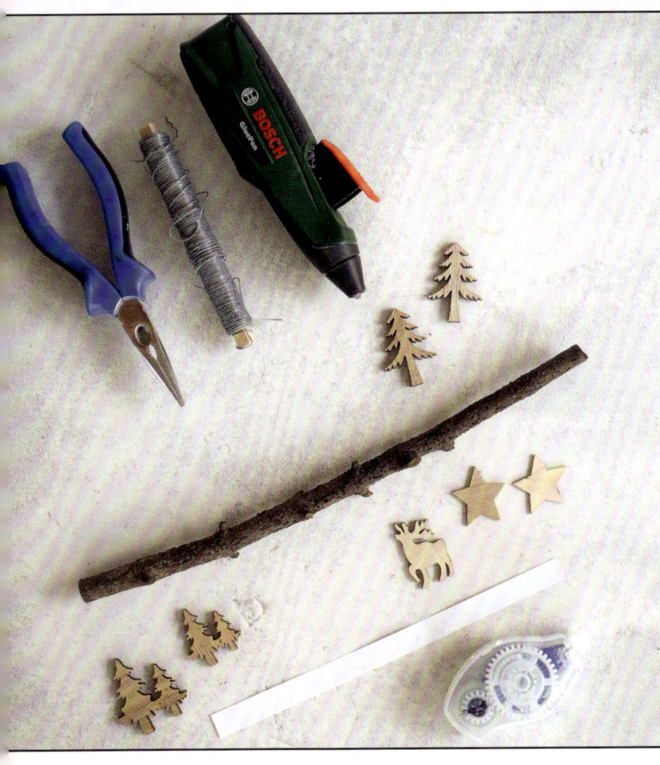

Material:

- ✓ Holzast
- ✓ Wickeldraht
- ✓ Streudeko, z. B. Bäumchen, Hirsche, Sterne
- ✓ Papierstreifen

Werkzeug:

- ✓ Heißkleber
- ✓ Zange
- ✓ Papierkleber

Hübsche Dekoration selbst herzustellen ist manchmal so einfach. Es reicht schon ein kleiner Ast, ein wenig Streudeko aus Holz und Draht – und schon entsteht eine kleine Winterlandschaft in Miniatur. Herzallerliebst.

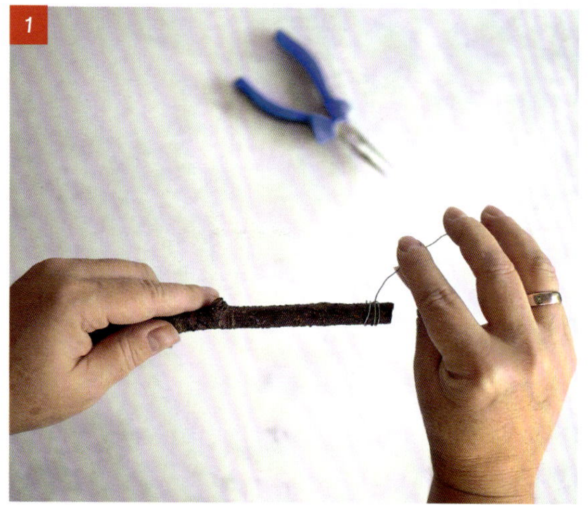

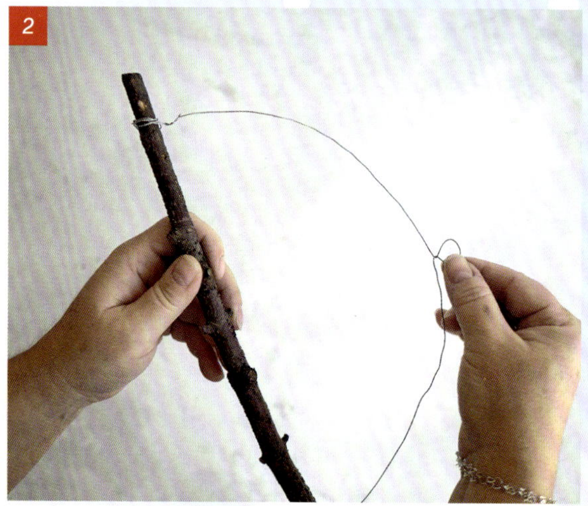

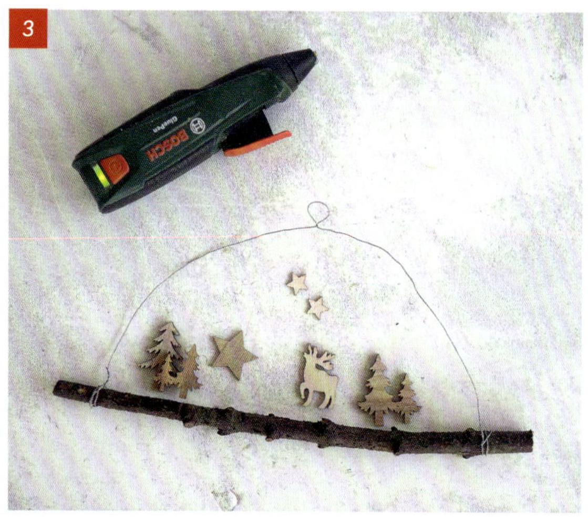

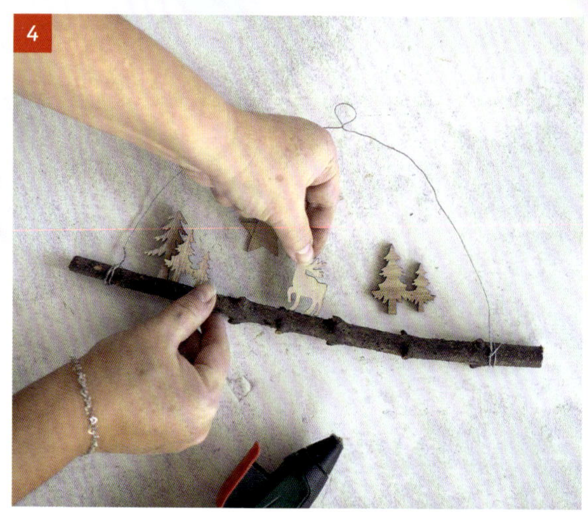

1. Wickele Draht um ein Ende des Holzastes.

2. Forme einen Bogen und wickele das andere Ende des Drahtes um das andere Ende des Astes. In der Mitte des Drahtbogens formst du eine kleine Schlaufe.

3. Positioniere deine Streudeko, wie du sie gern auf dem Ast platzieren möchtest, …

4. … und klebe sie mit Heißkleber fest.

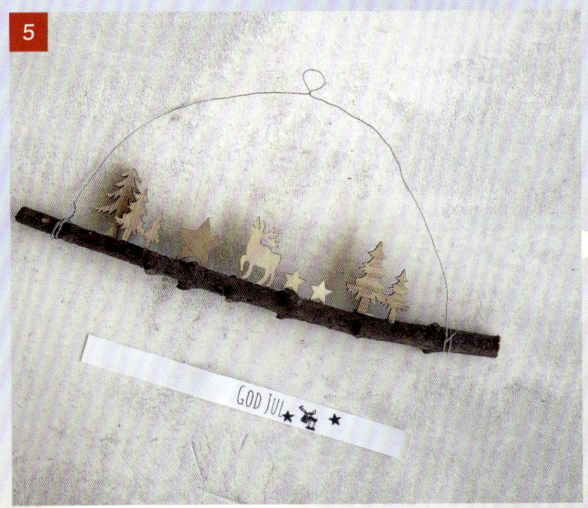

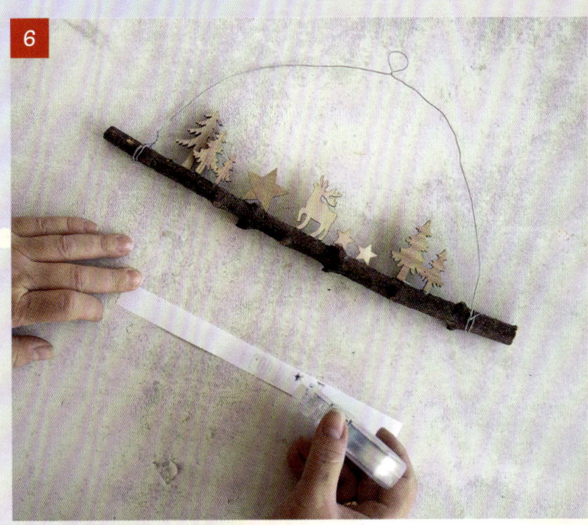

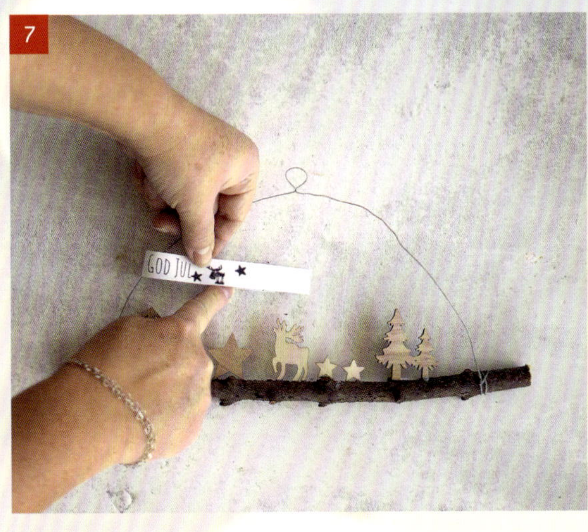

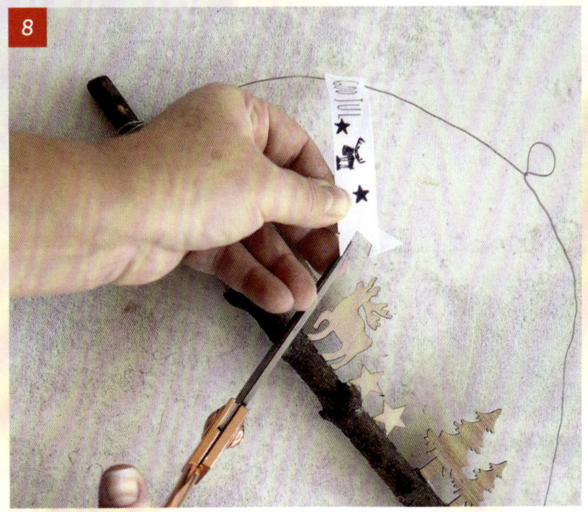

5. Schreibe auf einen Papierstreifen deine Weihnachtsbotschaft oder drucke sie auf einem Blatt aus. Du kannst auch Stempel zum Beschriften verwenden.

6. Bringe auf der Rückseite des Papierstreifens den Kleber auf …

7. … und klebe ihn um den Draht.

8. Schneide mit einer Schere das Ende noch in Wimpelform.

Dann fehlt dir nur noch ein hübscher Platz, an dem du deinen weihnachtlichen Hänger in Szene setzen kannst.

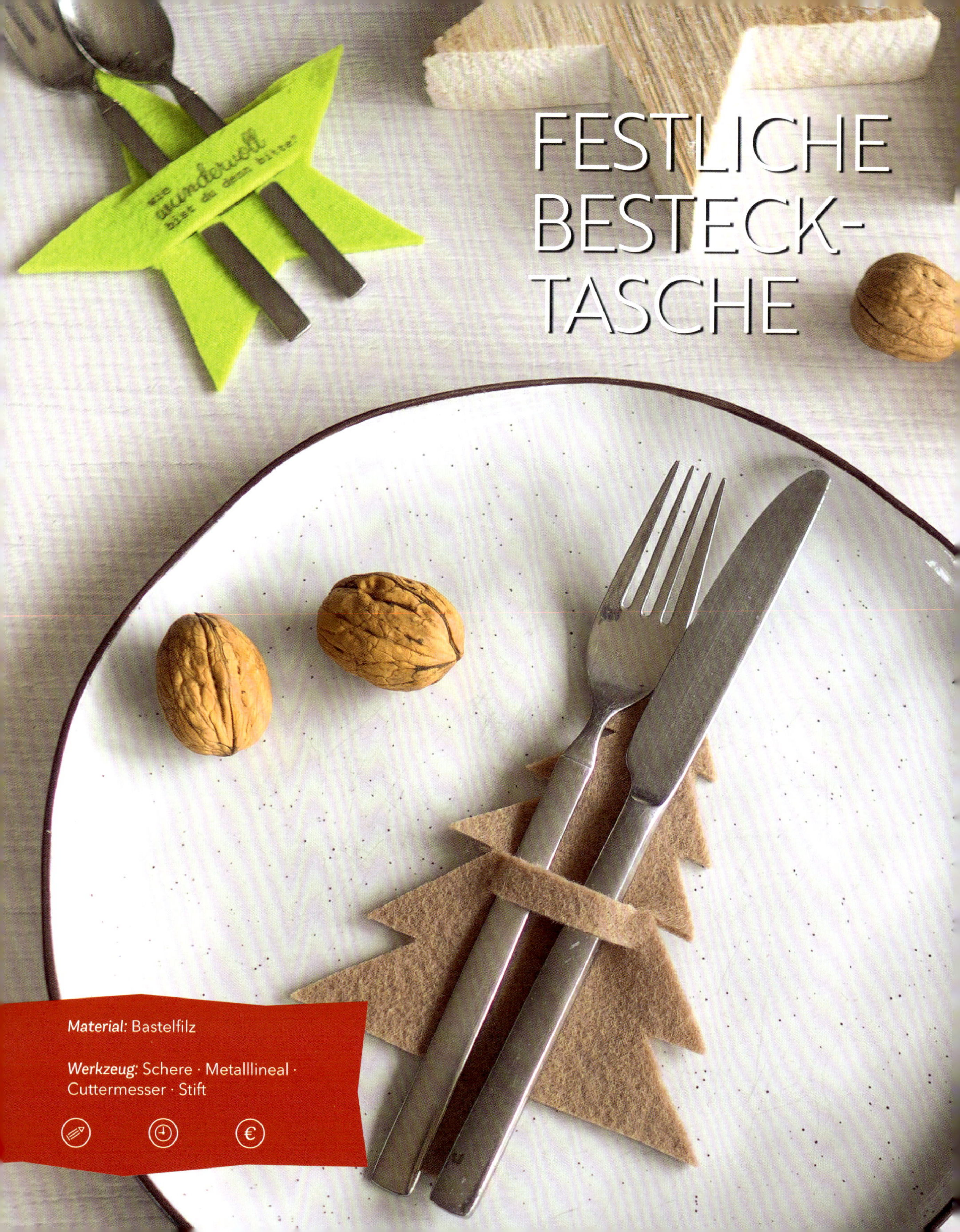

FESTLICHE BESTECK-TASCHE

Material: Bastelfilz

Werkzeug: Schere · Metalllineal · Cuttermesser · Stift

Die Festtafel ist Augen- und Gaumenschmaus in einem. Wer setzt sich nicht gern an einen festlich geschmückten Tisch! Da ist diese hübsche Bestecktasche doch eine wunderbare weihnachtliche Idee.

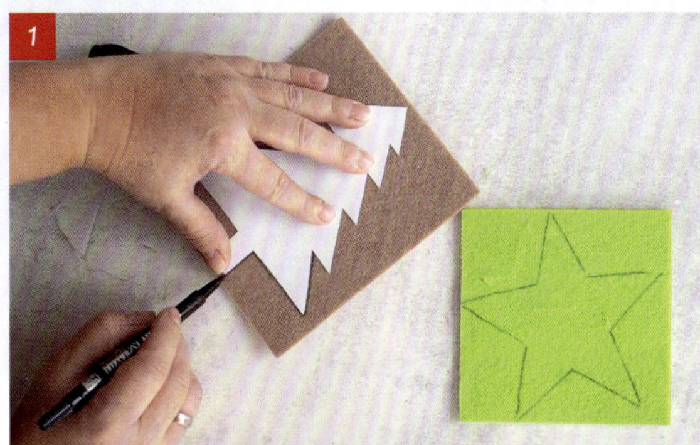

1

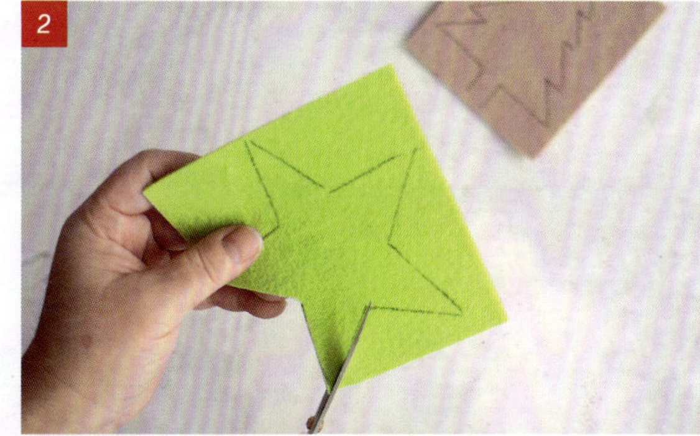

2

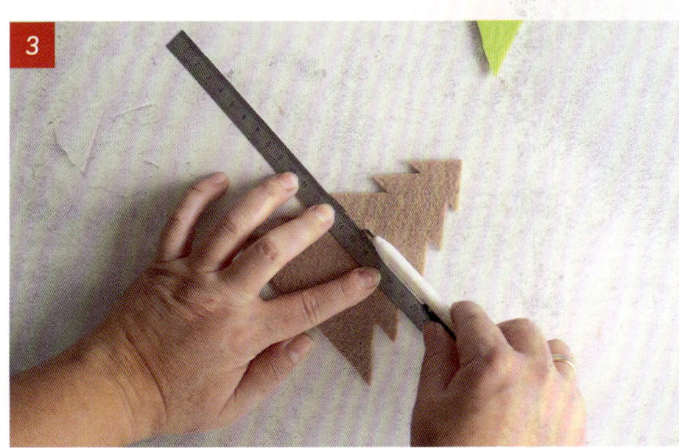

3

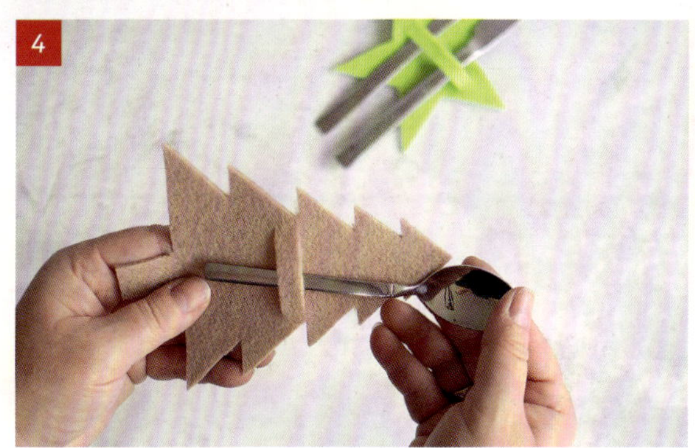

4

1. Zeichne auf deinen Filz die Umrisse von Weihnachtsmotiven. Ich habe mich für einen Stern und einen Weihnachtsbaum entschieden.

2. Schneide die Motive dann mit einer Schere aus.

3. Schneide in der Mitte deiner Motive mit dem Cuttermesser im Abstand von ca. 1 cm zwei horizontale Linien.

4. Schiebe in die so entstehenden Schlaufen das Besteck, und fertig ist eine Bestecktasche für jeden Gast.

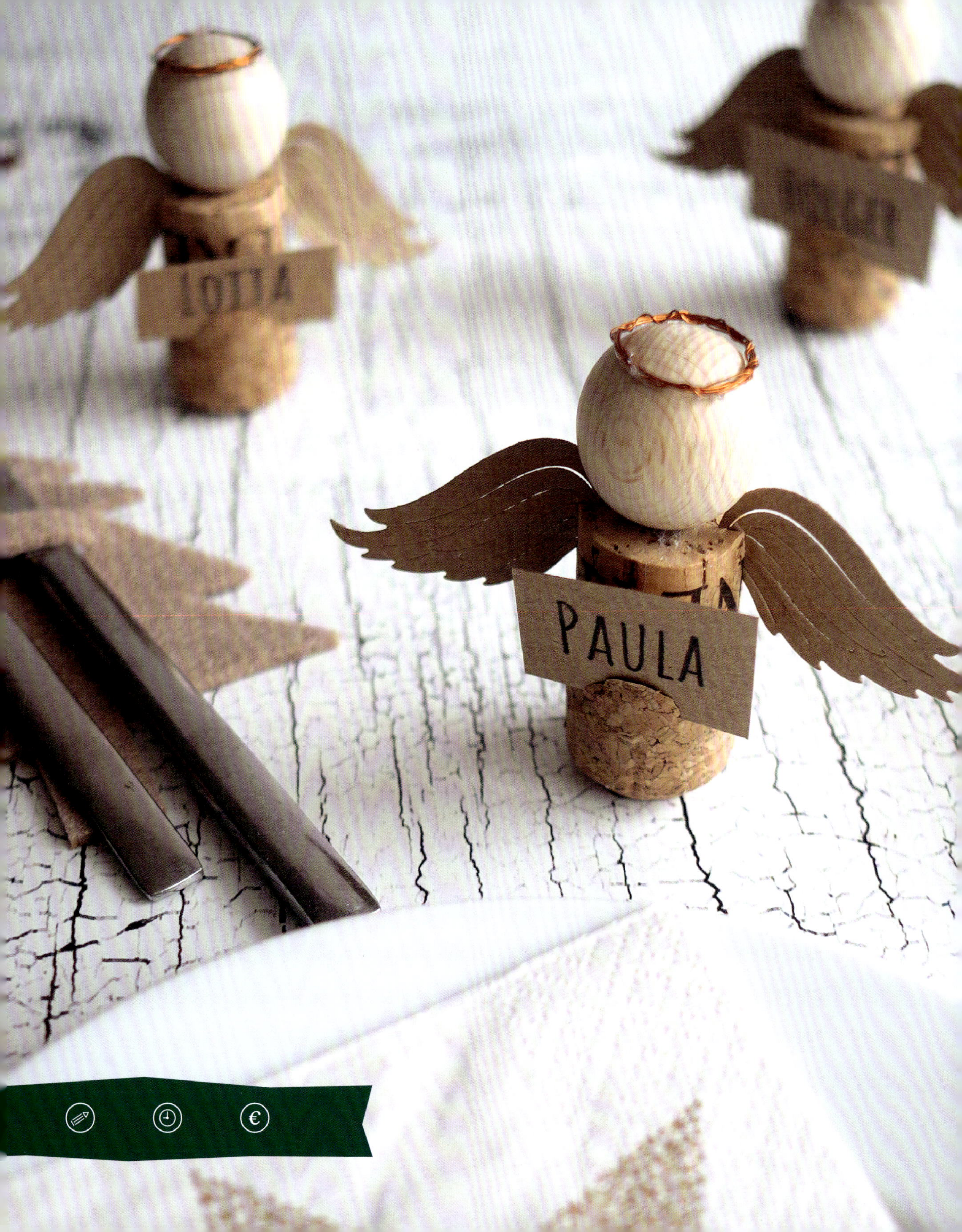
PAULA

KORK-ENGEL AM RICHTIGEN PLATZ

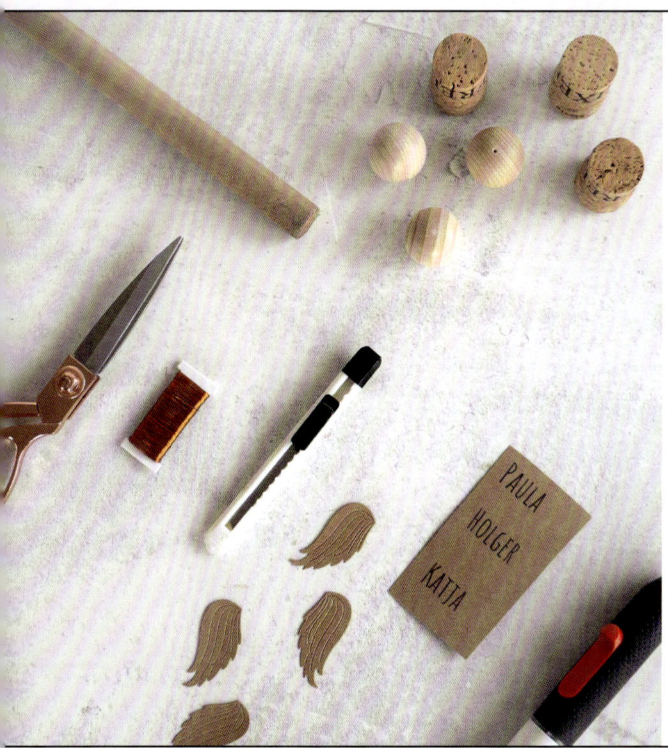

Material:

- ✓ Korken
- ✓ Holzkugeln
- ✓ dünner Wickeldraht aus Kupfer
- ✓ Engelsflügel
- ✓ Namensschilder

Werkzeug:

- ✓ Rundholz (Ø etwas kleiner als bei der Holzkugel)
- ✓ Schere
- ✓ Cuttermesser
- ✓ Heißkleber

Ich mag besonders die Art von Dekoration auf der Festtafel, die jeder Gast nach dem Festessen als Gastgeschenk mit nach Hause nehmen kann. So geht das auch mit den Kork-Engeln, die deinen Gästen erst den Platz anzeigen und später als persönliches Geschenk Freude machen.

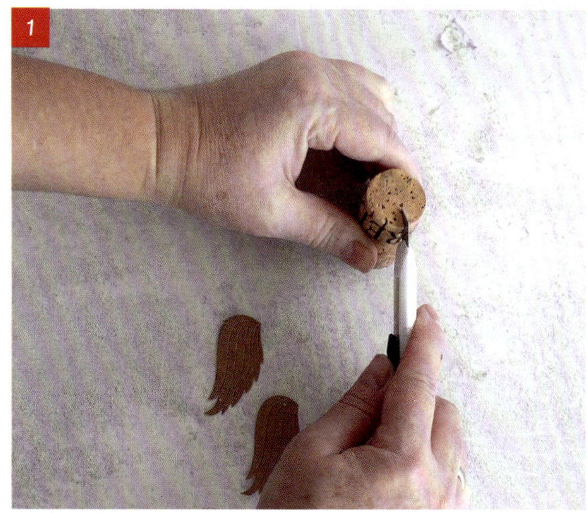

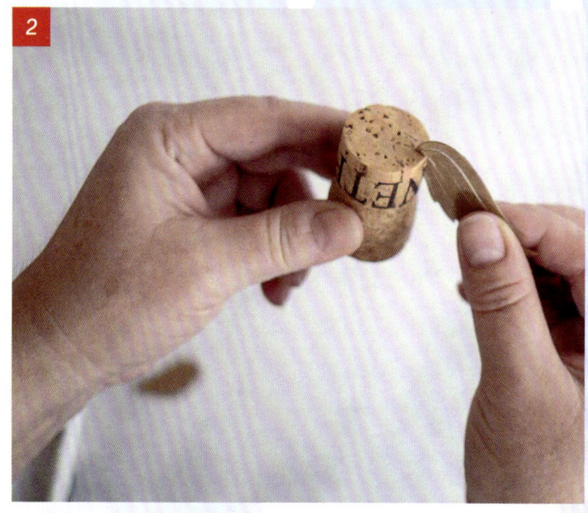

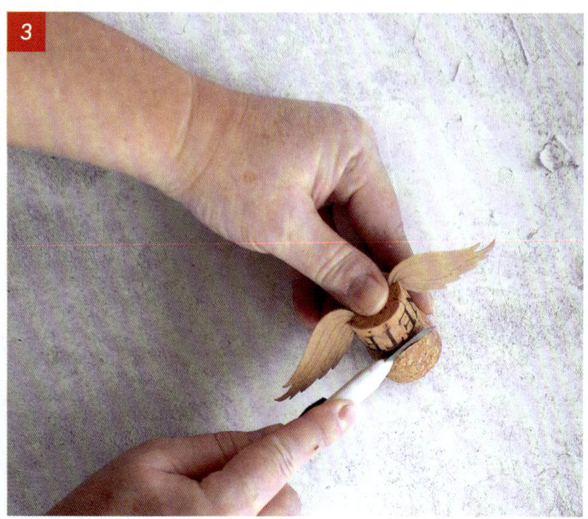

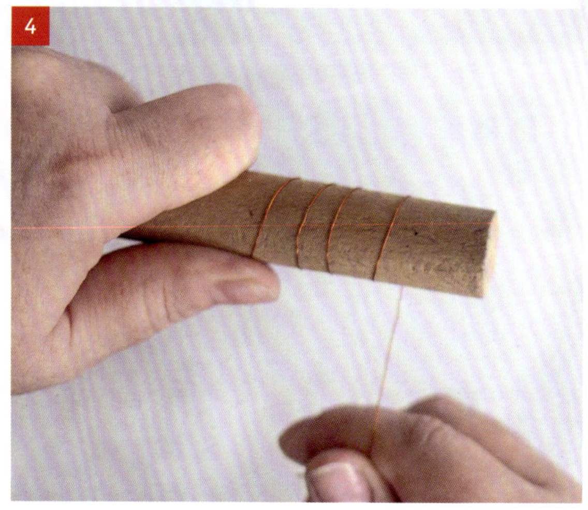

1. Schneide oben jeweils rechts und links einen kleinen Schlitz in den Korken.

2. Stecke in die Schlitze die Engelsflügel hinein. Ich habe die Flügel auf einer Stanze ausgestanzt – du kannst sie aber auch ausschneiden. Verwende hierfür gern eine Schablone, die du im Internet findest.

3. Schneide mit dem Cutter in der Mitte des Korkens ebenfalls einen kleinen Schlitz. Hier wird später das Namensschild befestigt.

4. Wickle auf einem Rundholz einige Runden Draht auf und ziehe ihn vorsichtig ab.

   Winde ein Drahtende mehrfach um den Drahtring, um ihn zu stabilisieren.

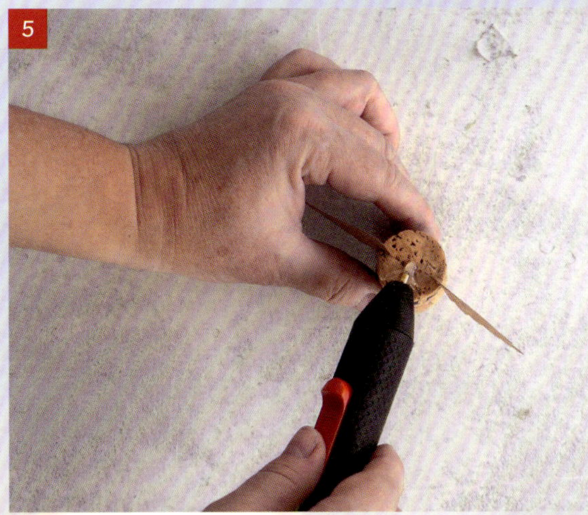

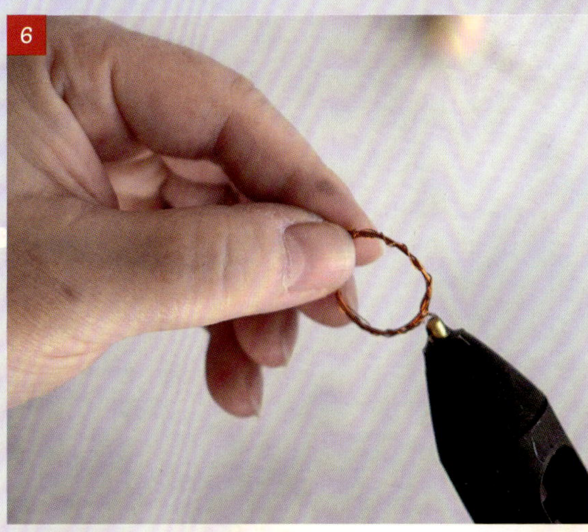

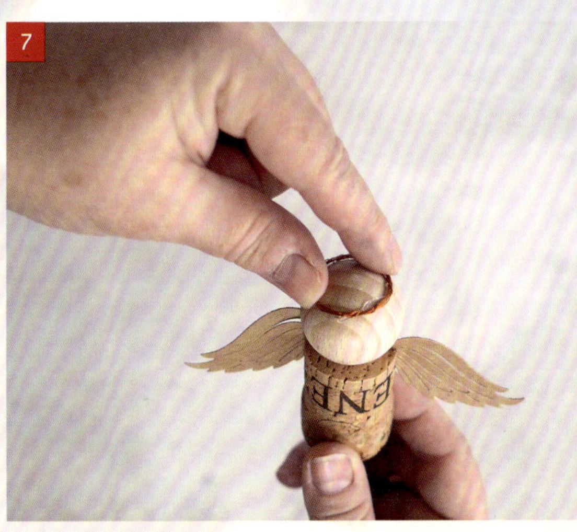

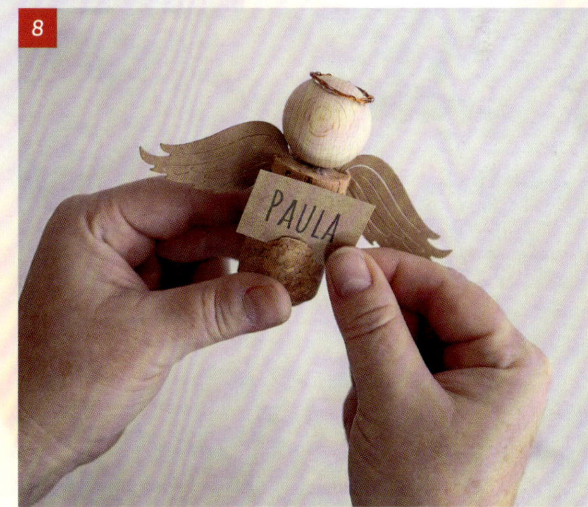

5. Klebe nun mit Heißkleber die Holzkugel auf den Korken …

6. … und fixiere den Heiligenschein …

7. … mit kleinen Klebepunkten auf der Holzkugel.

8. Fehlt nur noch das Namensschild, das du in den Schlitz einsetzt. Und schon können die kleinen Upcycling-Engel ihren Platz auf der Festtafel einnehmen.

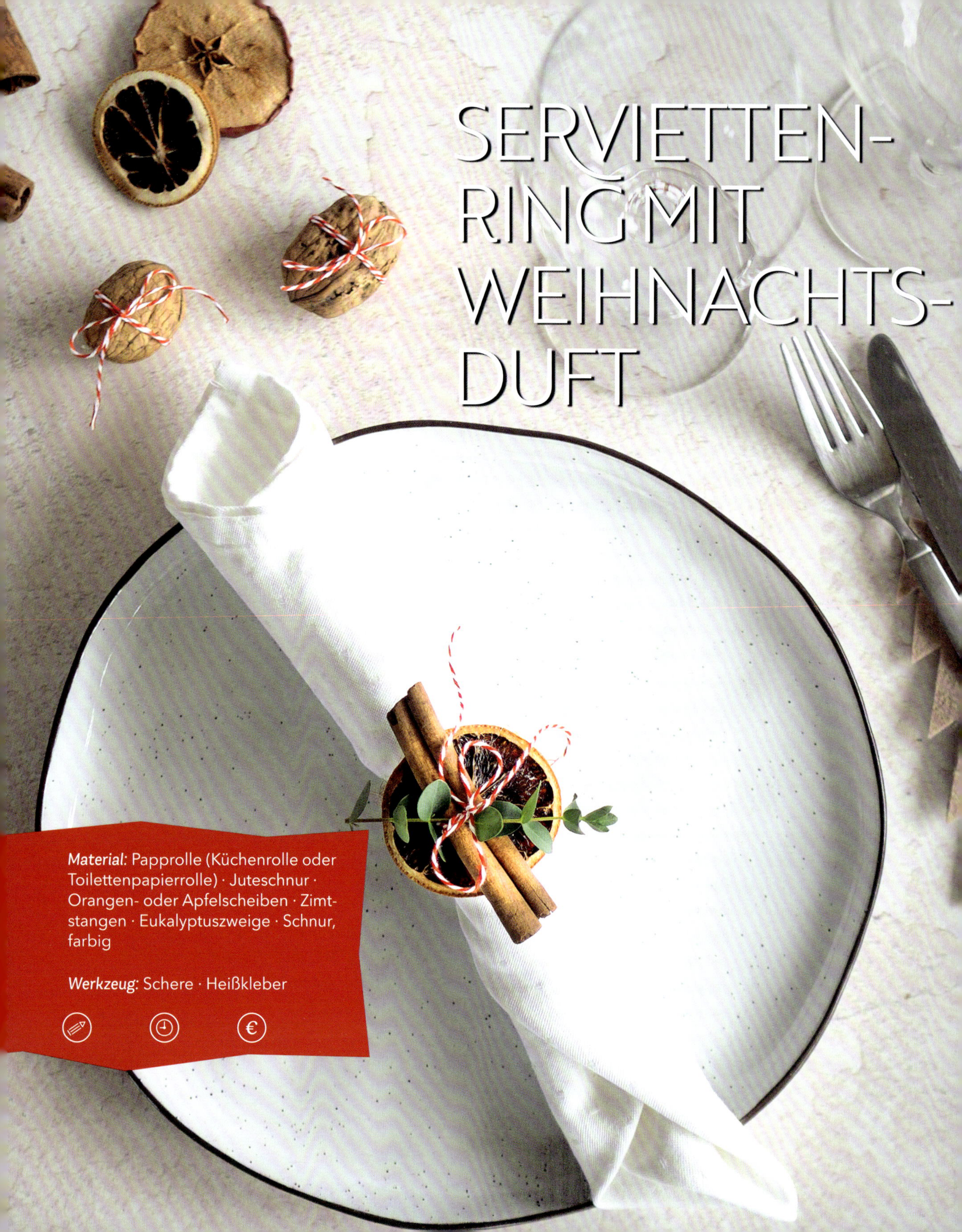

SERVIETTEN-RING MIT WEIHNACHTS-DUFT

Material: Papprolle (Küchenrolle oder Toilettenpapierrolle) · Juteschnur · Orangen- oder Apfelscheiben · Zimtstangen · Eukalyptuszweige · Schnur, farbig

Werkzeug: Schere · Heißkleber

Auf eine weihnachtliche Tafel gehören schöne Servietten. Entscheidet man sich für die edle Variante aus Stoff, dann darf auch ein stilvoller Serviettenring nicht fehlen. Et voilà!

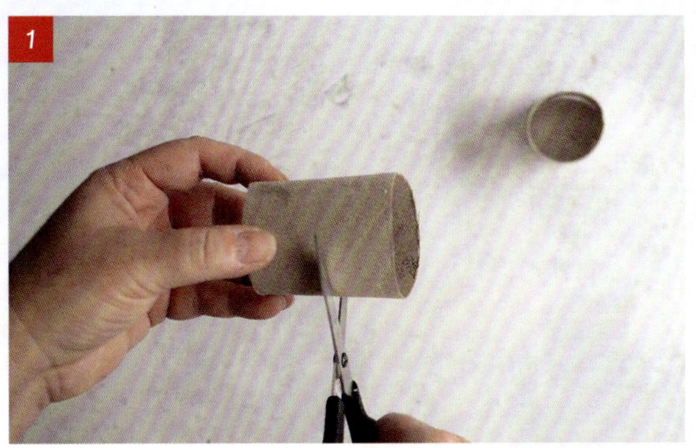

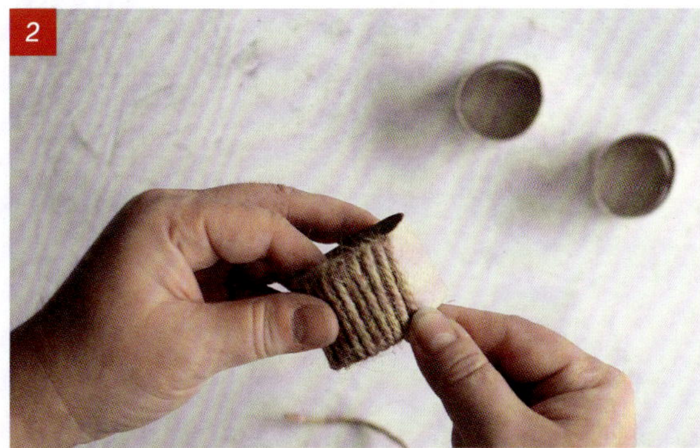

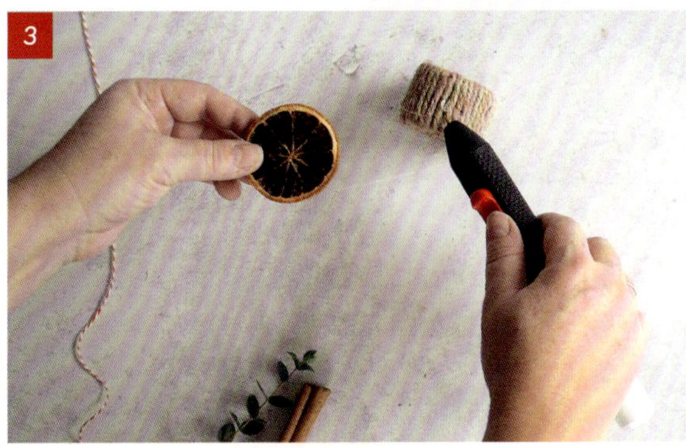

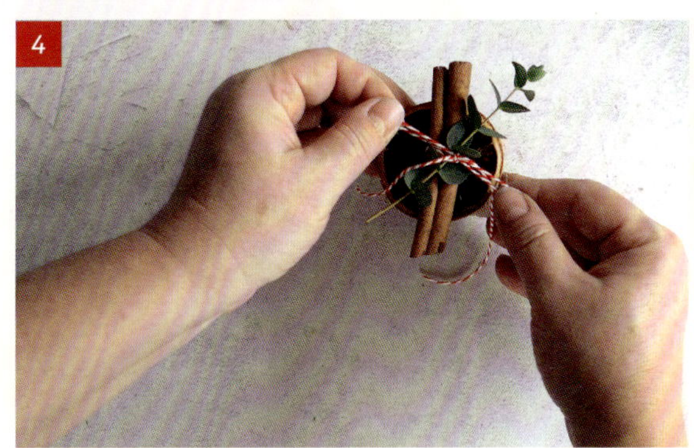

1. Schneide von der Papprolle Ringe in der Stärke von ca. 3 cm ab.
2. Umwickele die Ringe eng mit Juteschnur, sodass von der Papprolle nichts mehr zu sehen ist.
3. Klebe jeweils eine Orangen- oder Apfelscheibe mit Heißkleber auf.
4. Trage in der Mitte der Obstscheibe einen weiteren Klebepunkt auf, an dem du ein Stück der farbigen Schnur festklebst. Lege nun die Zimtstange und den Eukalyptuszweig auf und fixiere beides mit einer kleinen Schleife aus der farbigen Schnur. Fertig ist dein ganz natürlicher und wunderschöner Serviettenring.

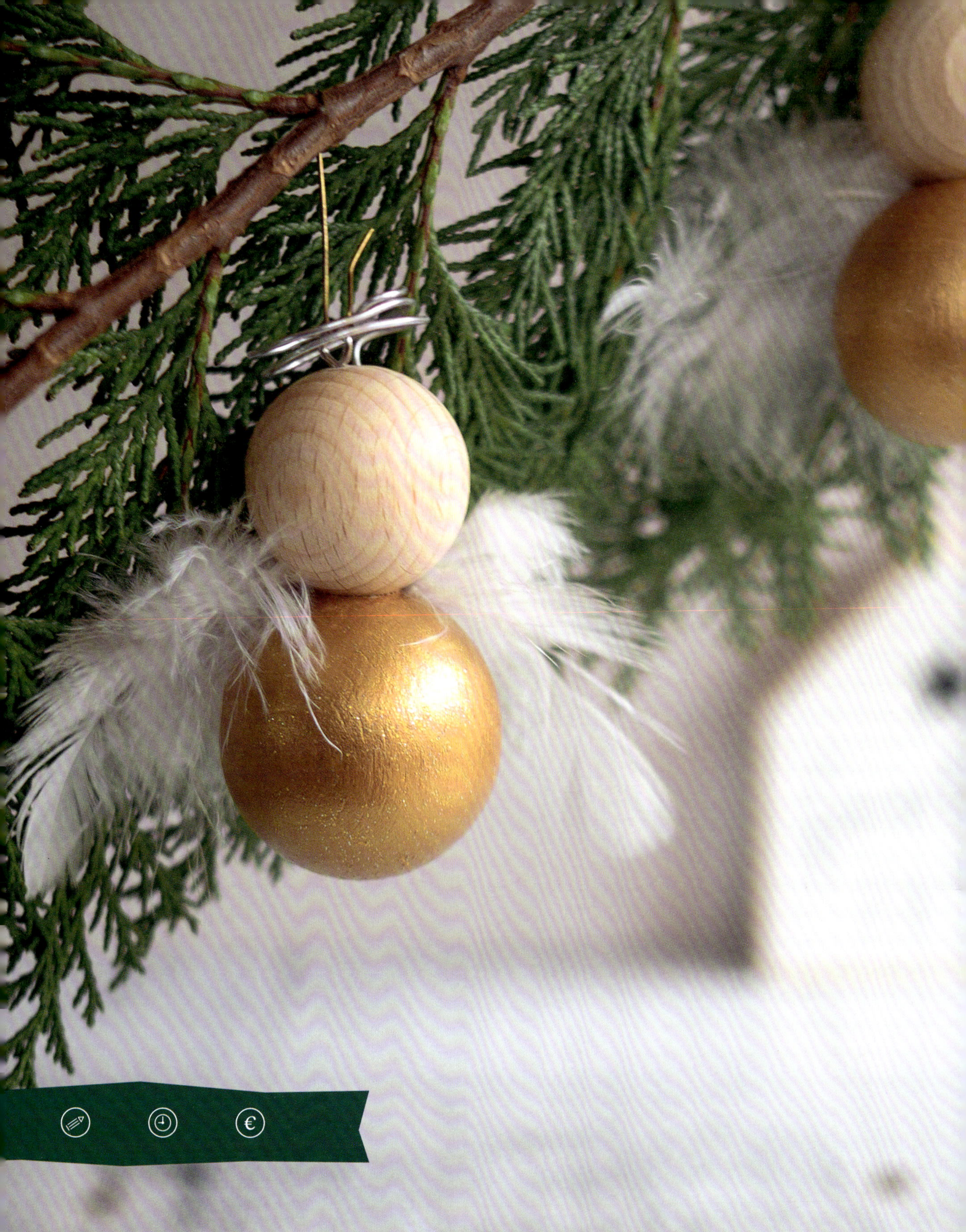

KUGELENGEL ZUM AUFHÄNGEN

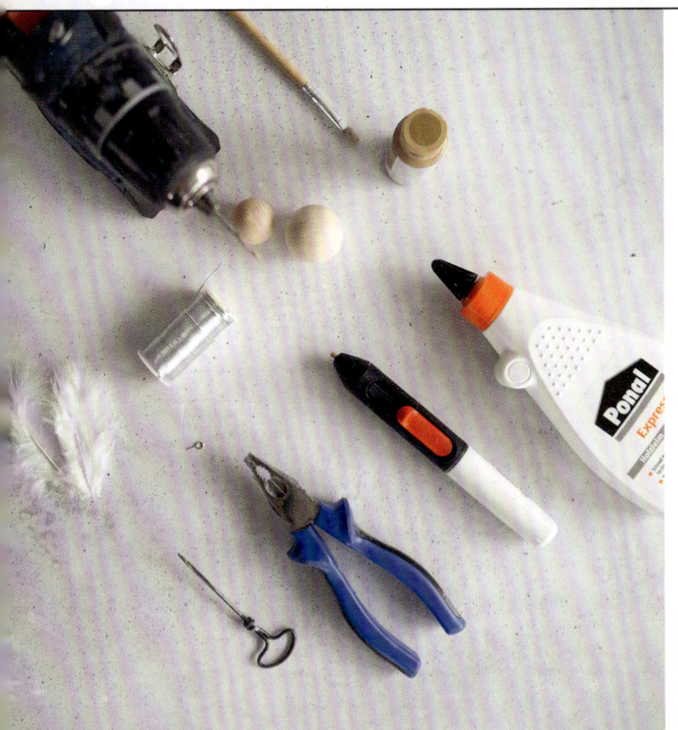

Material:

- ✓ Holzkugeln in zwei Größen
- ✓ Wickeldraht
- ✓ Schraubhaken
- ✓ Federn
- ✓ Farbe, z. B. Acryl- oder Goldeffektfarbe
- ✓ Holzleim
- ✓ Nylonfaden

Werkzeug:

- ✓ Kombizange
- ✓ Pinsel
- ✓ Heißkleber
- ✓ Nagelbohrer
- ✓ Akkuschrauber mit Bohrer

Du siehst – mir haben es die kleinen Engel angetan. Ich mag sie in allen Formen und Varianten. Diese kleinen Kugelengel sind aus Holzkugeln schnell hergestellt und strahlen in deiner Lieblingsfarbe.

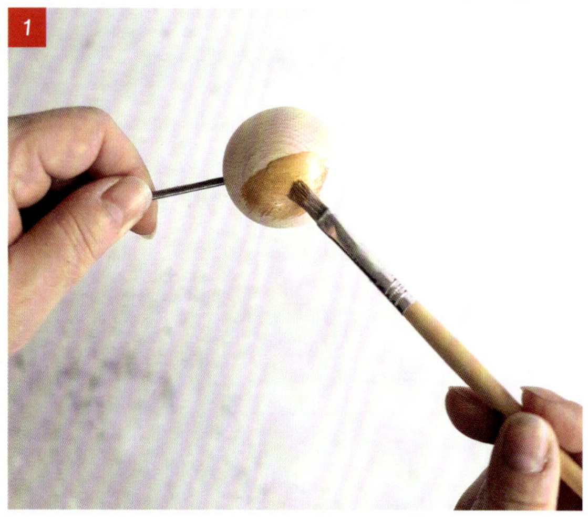

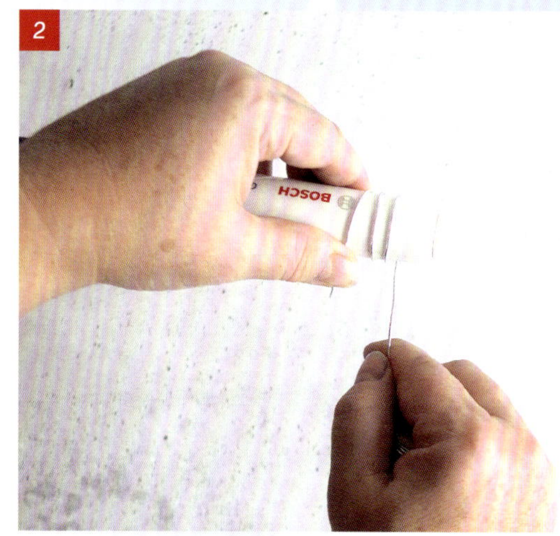

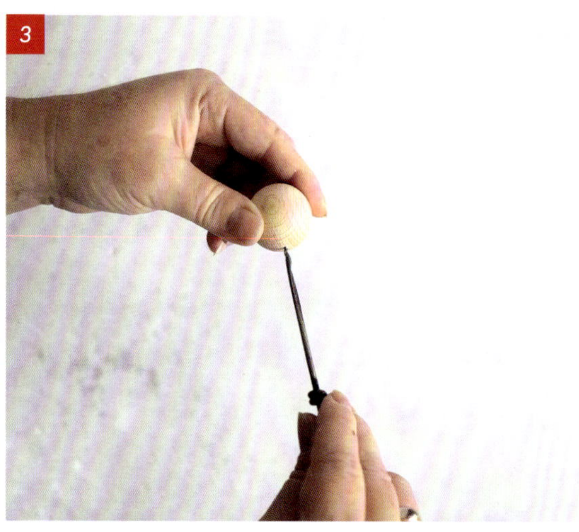

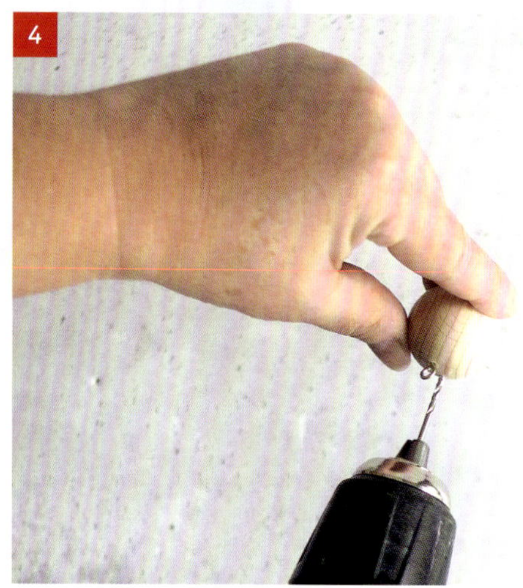

1. Bemale die größere Holzkugel in deiner Lieblingsfarbe. Ich habe mich hier für Gold entschieden.

2. Wickele auf ein Rundholz, oder wie ich hier auf dem Heißklebestift, einige Runden Draht auf und ziehe ihn vorsichtig ab. Ich habe mich für dickeren Draht entschieden - er behält besser die Form.

3. Bohre in die kleinere Kugel mit dem Nagelbohrer ein kleines Loch vor. In dieses Loch drehst du den kleinen Schraubhaken.

4. Bohre ein weiteres Loch in die Oberseite der kleinen Kugel.

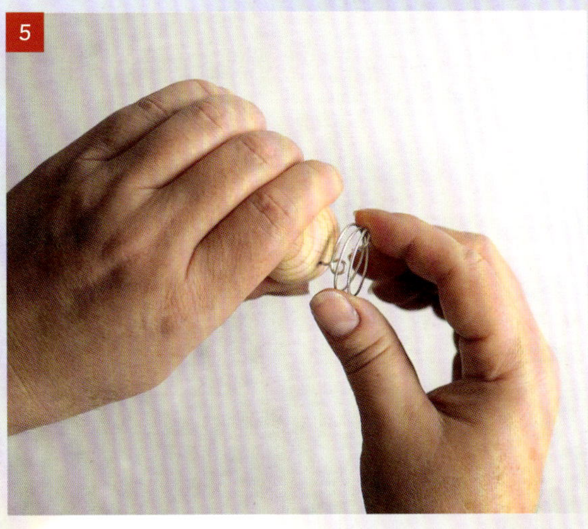

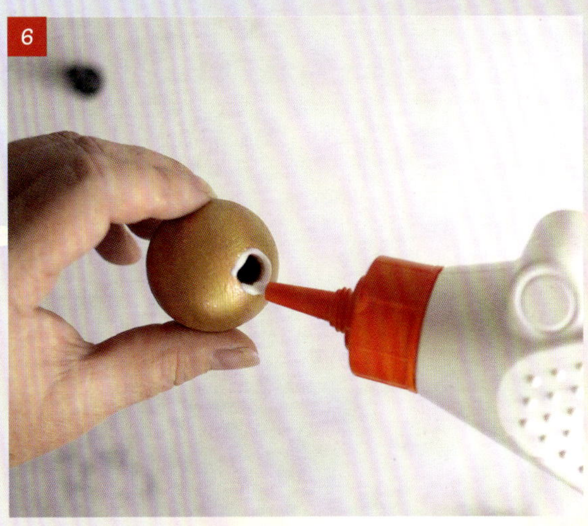

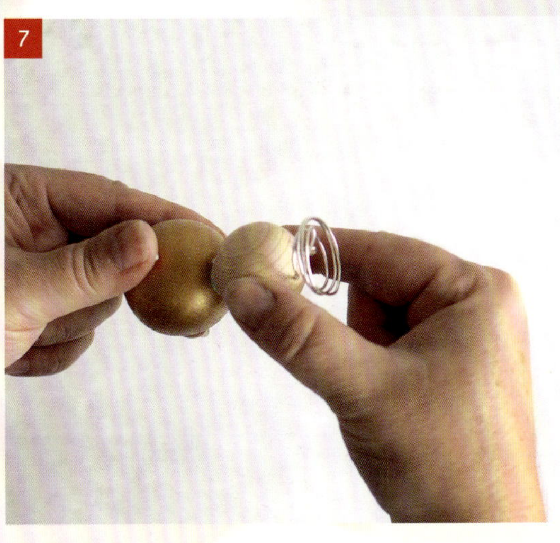

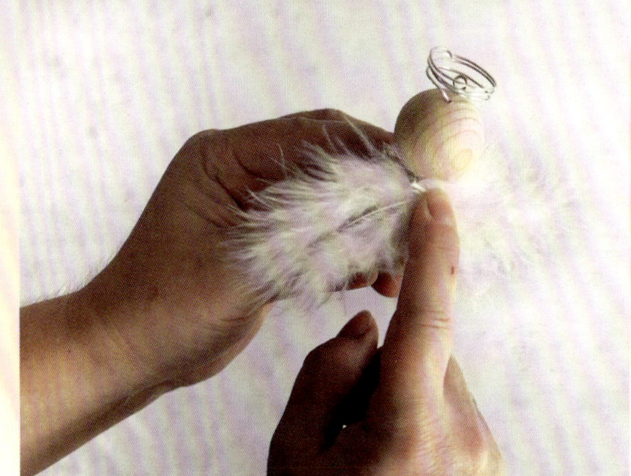

5. Hier wird der Draht – also der Heiligenschein – platziert. Stecke hierzu ein Endstück des Drahtes in das Loch.

6. Gib etwas Holzleim an die größere Kugel und …

7. … klebe die beiden Kugeln zusammen.

8. Fehlen nur noch die Flügelchen. Hier habe ich zwei Federn verwendet, die ich mit den Enden unterhalb des Kopfes mit Heißkleber fixiert habe.

   Befestige an der Öse einen Nylonfaden. Daran kannst du deine Engelchen aufhängen – am Weihnachtsbaum, im Fenster oder wo es am besten passt.

SCHLICHTER LICHTER-BAUM

Material: Holzplatte, z.B. Leimholz · Lichterkette mit Batteriebetrieb · kleine Nägel

Werkzeug: Farbe und Pinsel · Hammer · Säge · Schleifpapier 100er-Körnung

€€

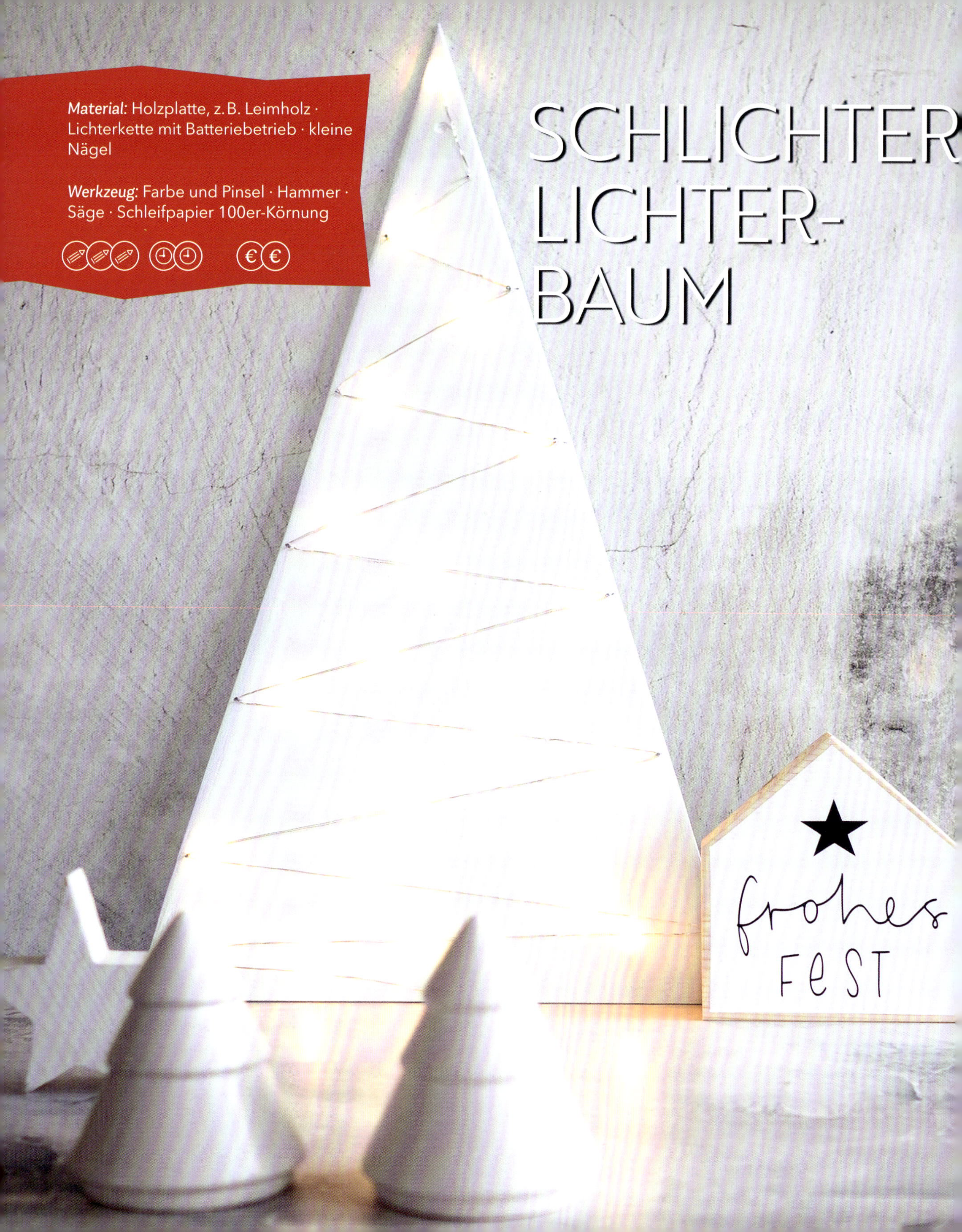

Wenn eins an Weihnachten nicht fehlen darf, dann sind es Lichter. Ganz gleich ob Kerzen, Lichterketten, Sterne oder beleuchtete Weihnachtsfiguren. Hell erleuchtet ist jedes Haus – und genau das macht Weihnachten aus. Für alle, die es nicht ganz so opulent mögen, gibt es hier eine schlichte Variante.

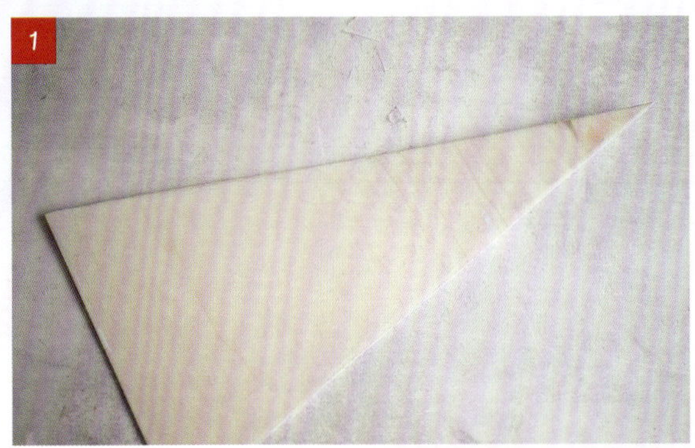

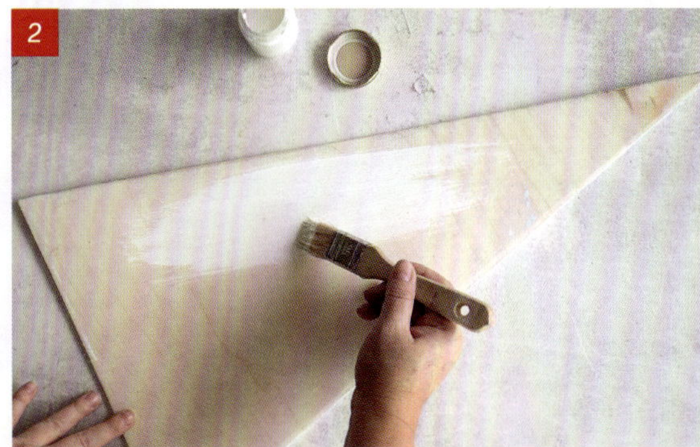

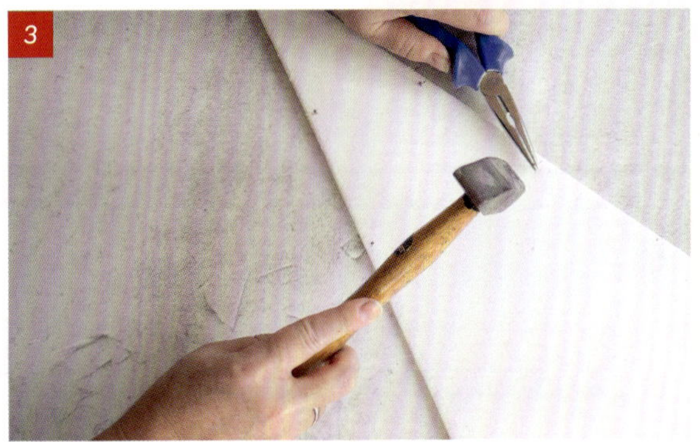

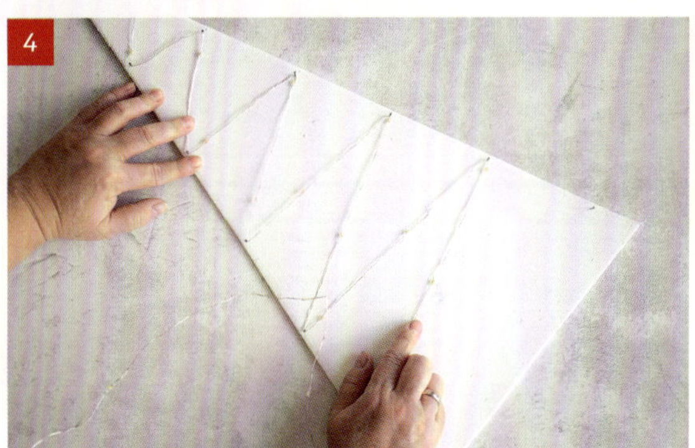

1. Säge aus deiner Leimholzplatte ein Dreieck als Tannenbaum aus. Du entscheidest, ob eher länglich oder breiter, wie groß bzw. wie klein.

2. Schleife die Kanten dann etwas sauber und streiche deinen Weihnachtsbaum in deiner Lieblingsfarbe. Ich habe mich hier für ein schlichtes Weiß entschieden.

3. Miss deine Lichterkette ab. Bringe rechts und links an den Seiten deines Weihnachtsbaums Nägelchen an, und zwar so viele, dass von der Lichterkette, wenn sie daran befestigt wird (siehe nächster Schritt), nichts übrig bleibt.

4. Spanne die Lichterkette von Nagel zu Nagel über den Weihnachtsbaum, bis der Baum vollständig mit der Lichterkette bespannt ist.

5. Den Schalter für die Lichterkette versteckst du hinter dem Baum. Du kannst ihn dazu mit doppelseitigem Klebeband an der Rückwand fixieren. Den Baum lehnst du an eine Wand oder du befestigst zum Aufhängen noch einen Bilderhaken. Dann heißt es nur noch: Licht an! Lass dich von diesem zauberhaften Lichterbaum begeistern.

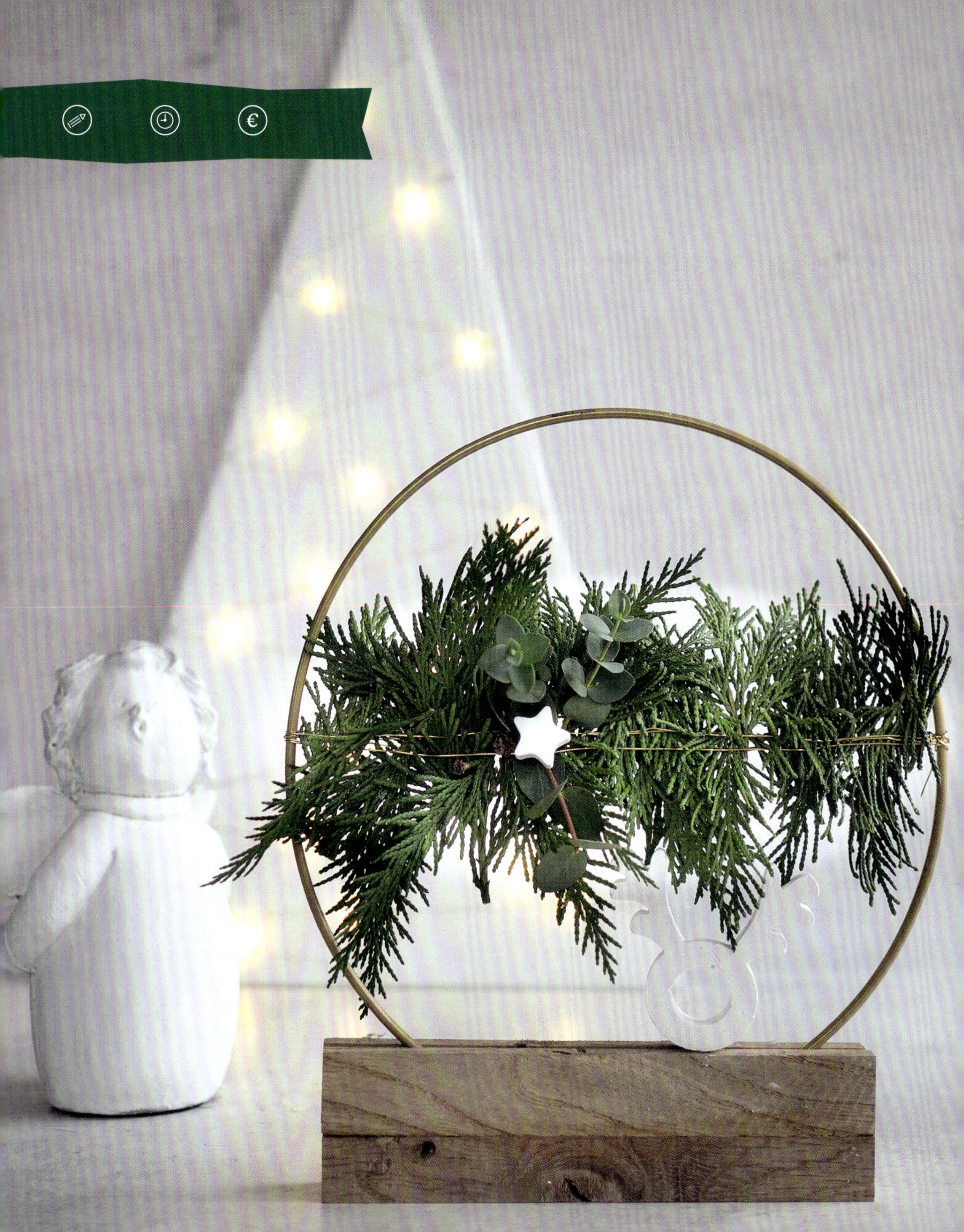

»FLORAL HOOP« – WEIHNACHTLICH

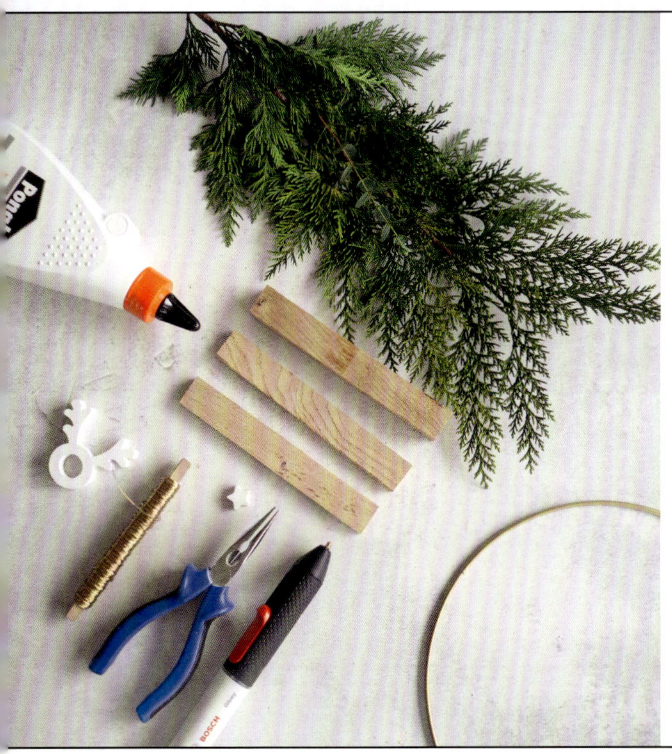

Material:

- ✓ Metallring
- ✓ 3 Klötzchen
- ✓ Wickeldraht
- ✓ immergrüne Zweige, z. B. Koniferen, Eukalyptus
- ✓ Sternchen, Elch aus Holz oder Raysin

Werkzeug:

- ✓ Kombizange
- ✓ Heißkleber
- ✓ Holzleim

Blumenringe, auch Floral Hoops genannt, liegen ganz im Deko-Trend. Mit weihnachtlichen Accessoires und immergrünen Zweigen sind sie echte Hingucker für die Weihnachtszeit. Auch eine Mischung aus Immergrün und Trockenblumen ist möglich.

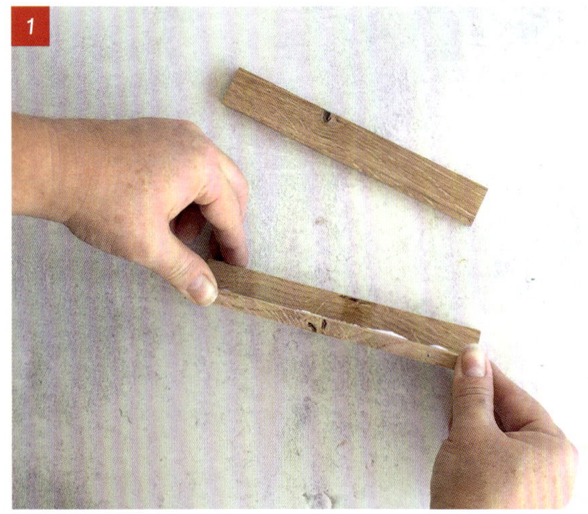

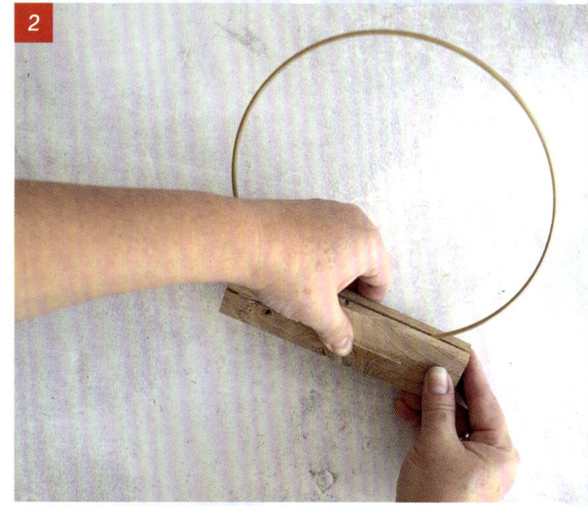

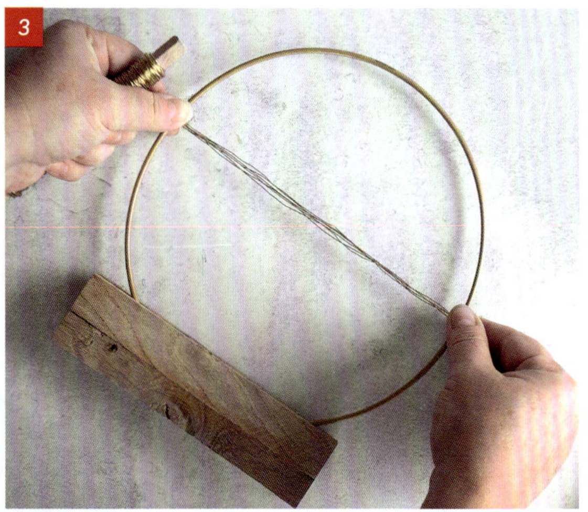

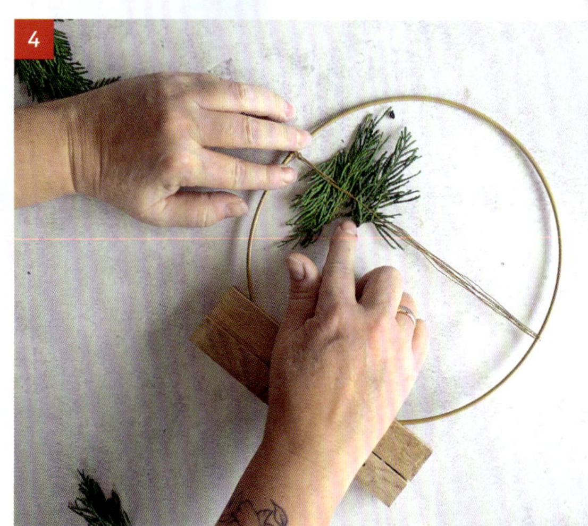

1. Klebe mit Holzleim auf ein Basis-Klötzchen ein weiteres mit der schmalen Längsseite hochkant darauf.

2. Stelle den Metallring hinter das aufgeklebte Klötzchen und fixiere ihn, indem du von hinten das dritte Klötzchen dagegenklebst. Der Ring soll stabil zwischen den beiden Klötzchen eingeklemmt sein.

3. Wickle einige Runden Draht in der Mitte über den Ring.

4. Stecke zwischen den Draht von oben und unten deine Koniferenzweige, die du passend zugeschnitten hast.

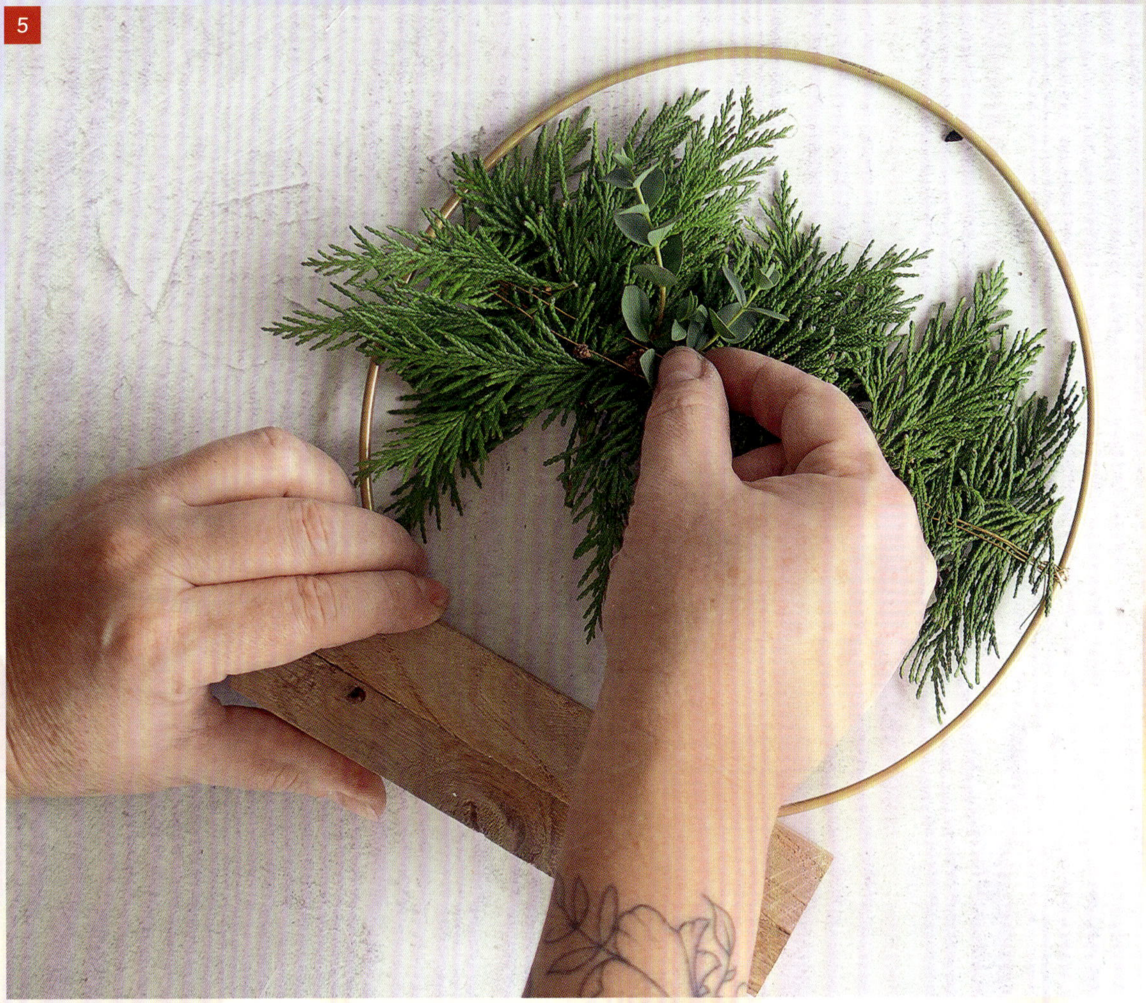

5. Setze kleine Highlights mit Eukalyptuszweigen oder Trockenblumen – ganz nach deinem Geschmack.

6. Klebe mit Heißkleber weihnachtliche Accessoires auf, am Immergrün oder auf den Klötzchen. Dein Floral Hoop braucht jetzt nur noch einen schönen Platz und wird zum Blickfang in deiner Weihnachtsdekoration.

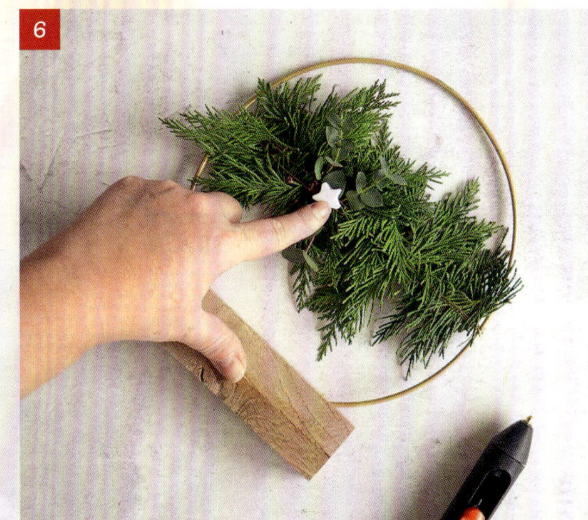

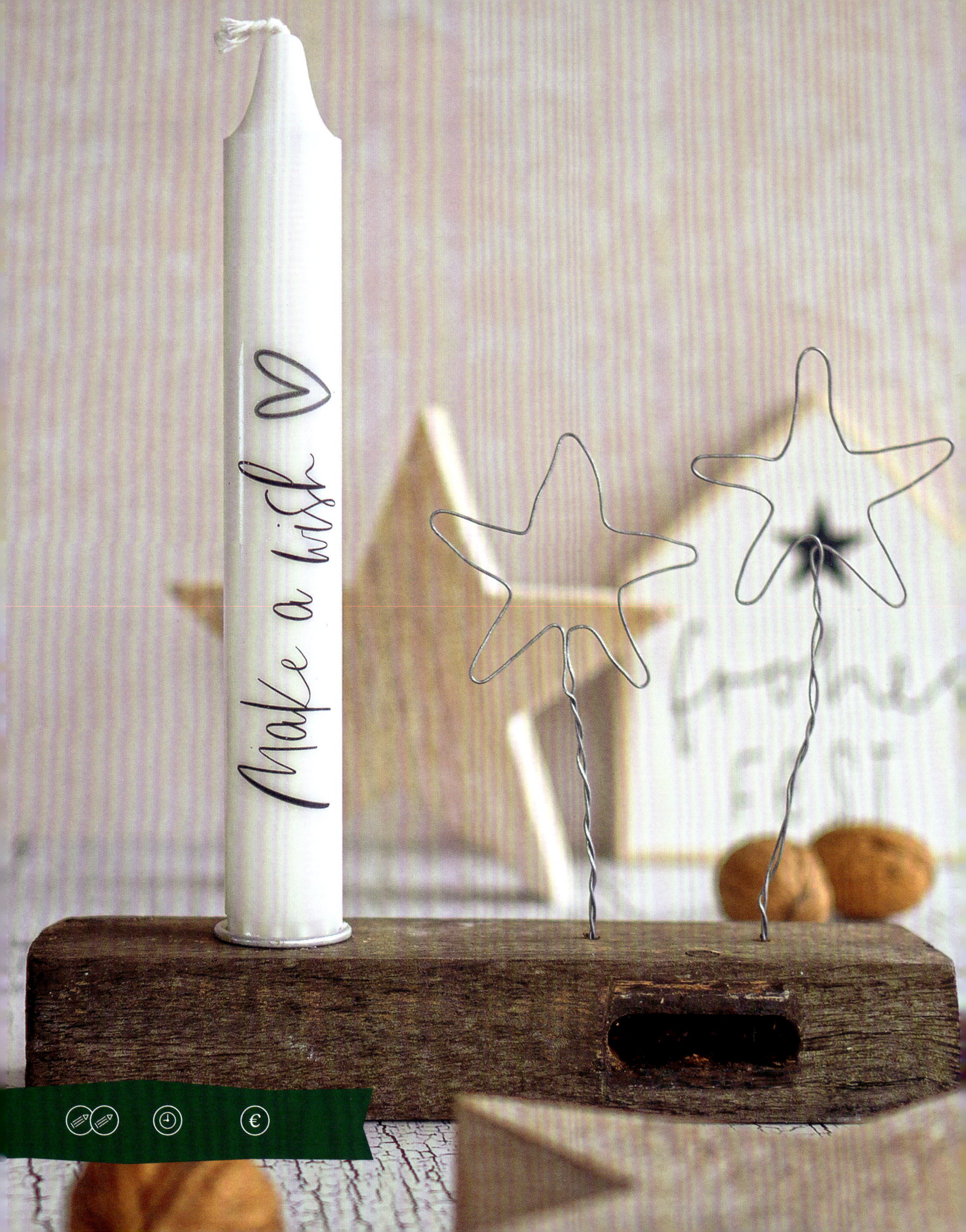
Make a wish

STERNEN-WUNSCHLICHT

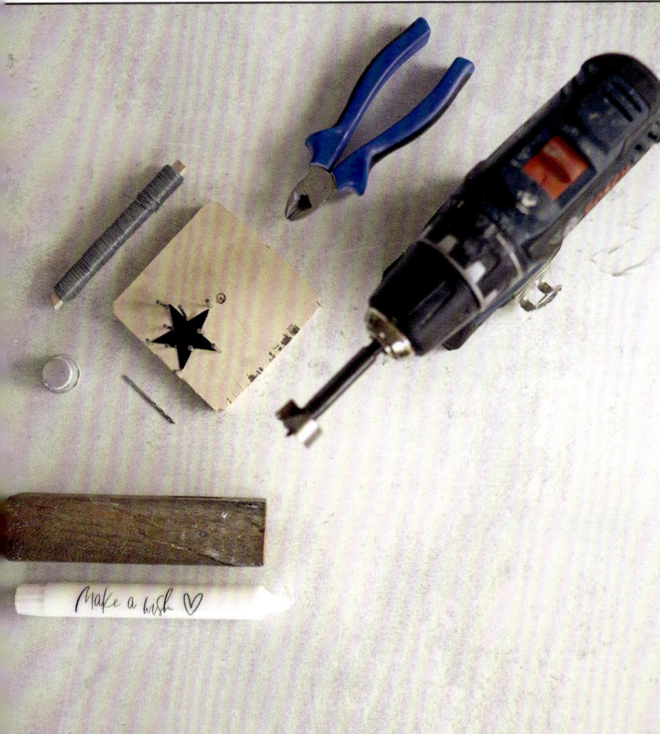

Material:

- ✓ altes Stück Holz
- ✓ Holzplatte, z. B. Leimholz
- ✓ Stern-Schablone
- ✓ Nägel
- ✓ Wickeldraht
- ✓ Kerzentülle
- ✓ Kerze mit Motiv

Werkzeug:

- ✓ Akkuschrauber mit Bohrer und Forstnerbohrer
- ✓ Kombizange
- ✓ Hammer
- ✓ Heißkleber bei Bedarf

Fundstücke aus Holz lassen sich ganz wunderbar zu natürlichen Deko-Stücken gestalten. Es entsteht das Gefühl, das alte Holz könne Geschichten erzählen. So manches Fundstück strahlt auch an Weihnachten als Sternen-Wunschlicht in neuem Glanz und macht sich auch als Geschenk wunderbar.

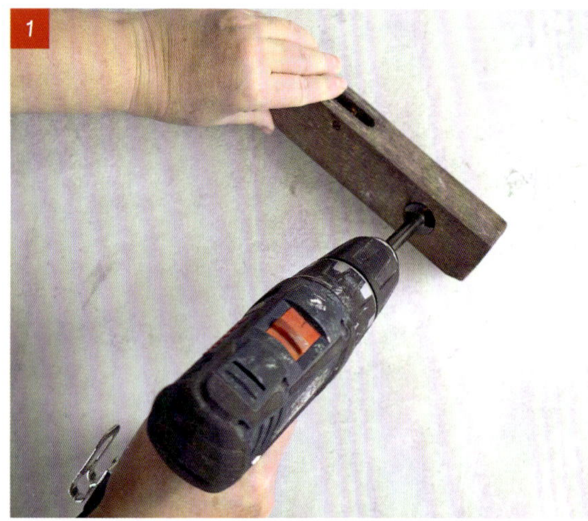

1

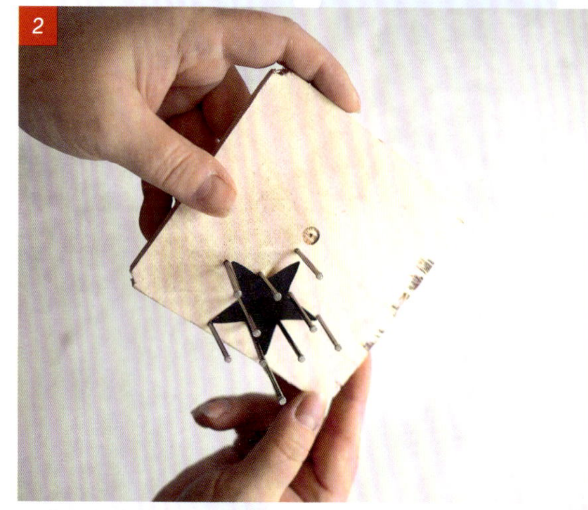

2

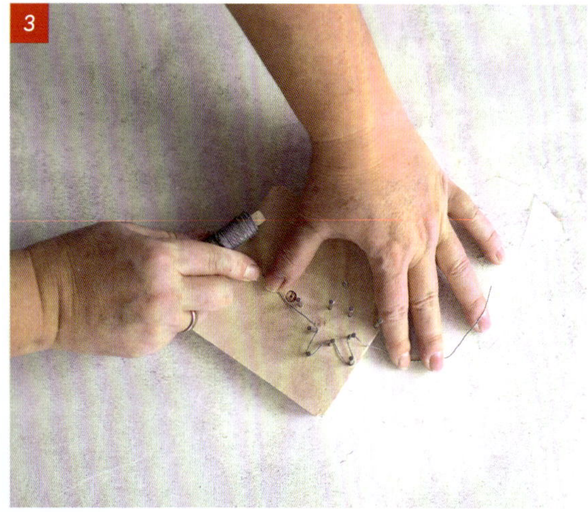

3

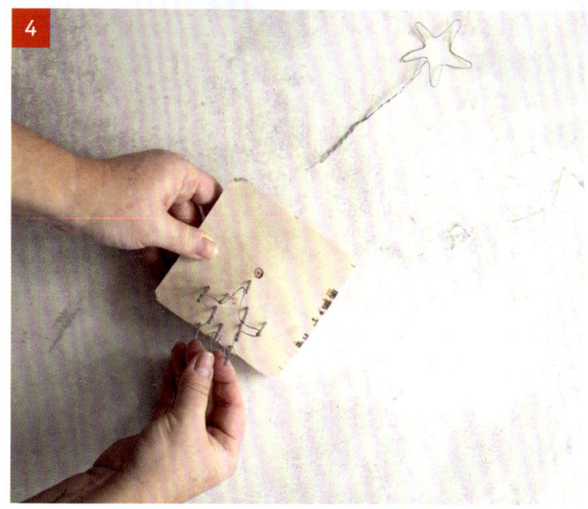

4

1. Bohre mit dem Forstnerbohrer ein Loch in dein Holzstück. Der Forstnerbohrer sollte den Durchmesser deiner Kerzentülle haben.

2. Lege auf eine kleine Holzplatte eine Schablone für einen Stern auf. Schlage an den Zacken und Vertiefungen des Sterns jeweils einen Nagel ein.

3. Spanne um die Nägel Wickeldraht, sodass ein Stern aus Draht entsteht.

4. Lass am Anfang und am Ende ordentlich Draht überstehen, daraus formst du später den Stiel des Sterns. Löse den Draht dann vorsichtig von den Nägeln ab.

5. Bohre in dein Fundholz dann noch zwei kleine Löcher.

6. Stecke in diese beiden Löcher deine Sterne hinein. Fixiere sie bei Bedarf mit etwas Heißkleber.

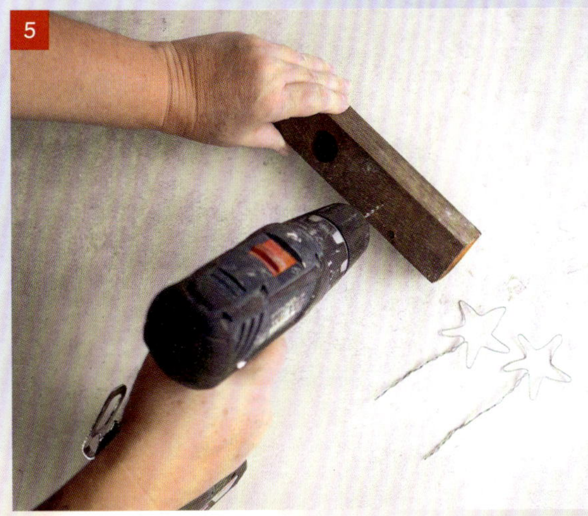

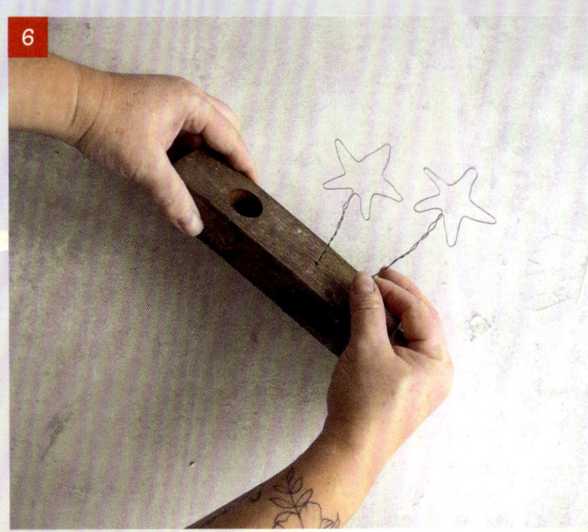

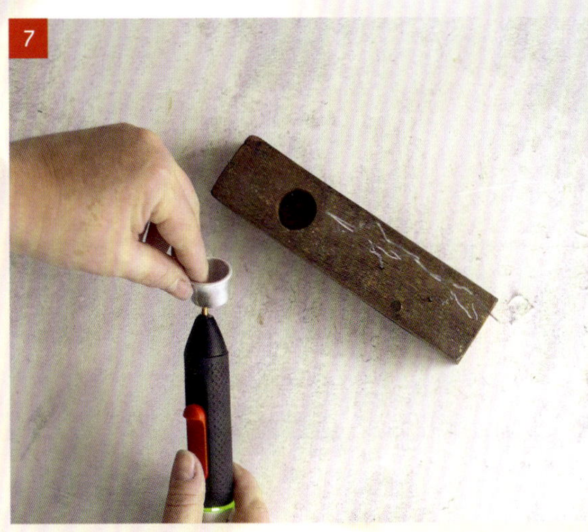

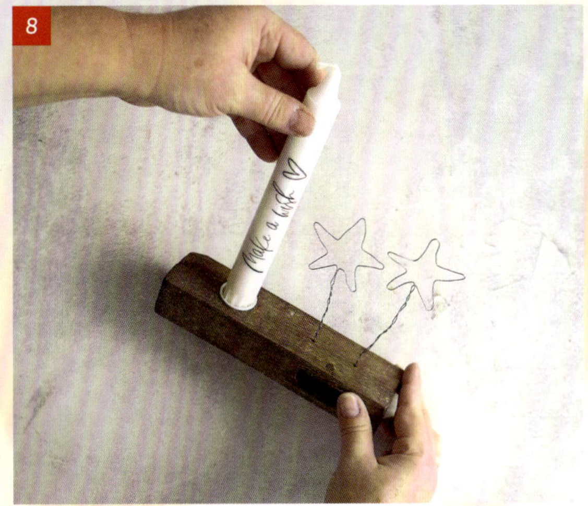

7. Stecke in das große Loch deine Kerzentülle. Auch die kannst du bei Bedarf mit etwas Heißkleber fixieren.

8. Setze deine Kerze ein. Du kannst mit Wasserschiebefolie auch ein Motiv auftragen.

Das geht ganz einfach:

- Motiv auf Wasserschiebefolie ausdrucken
- Motiv ausschneiden
- Wasserschiebefolie in Wasser einlegen
- Motiv auf die Kerze schieben
- Trocknen lassen

Dein individuelles Wunschlicht macht sicher nicht nur dir Freude.

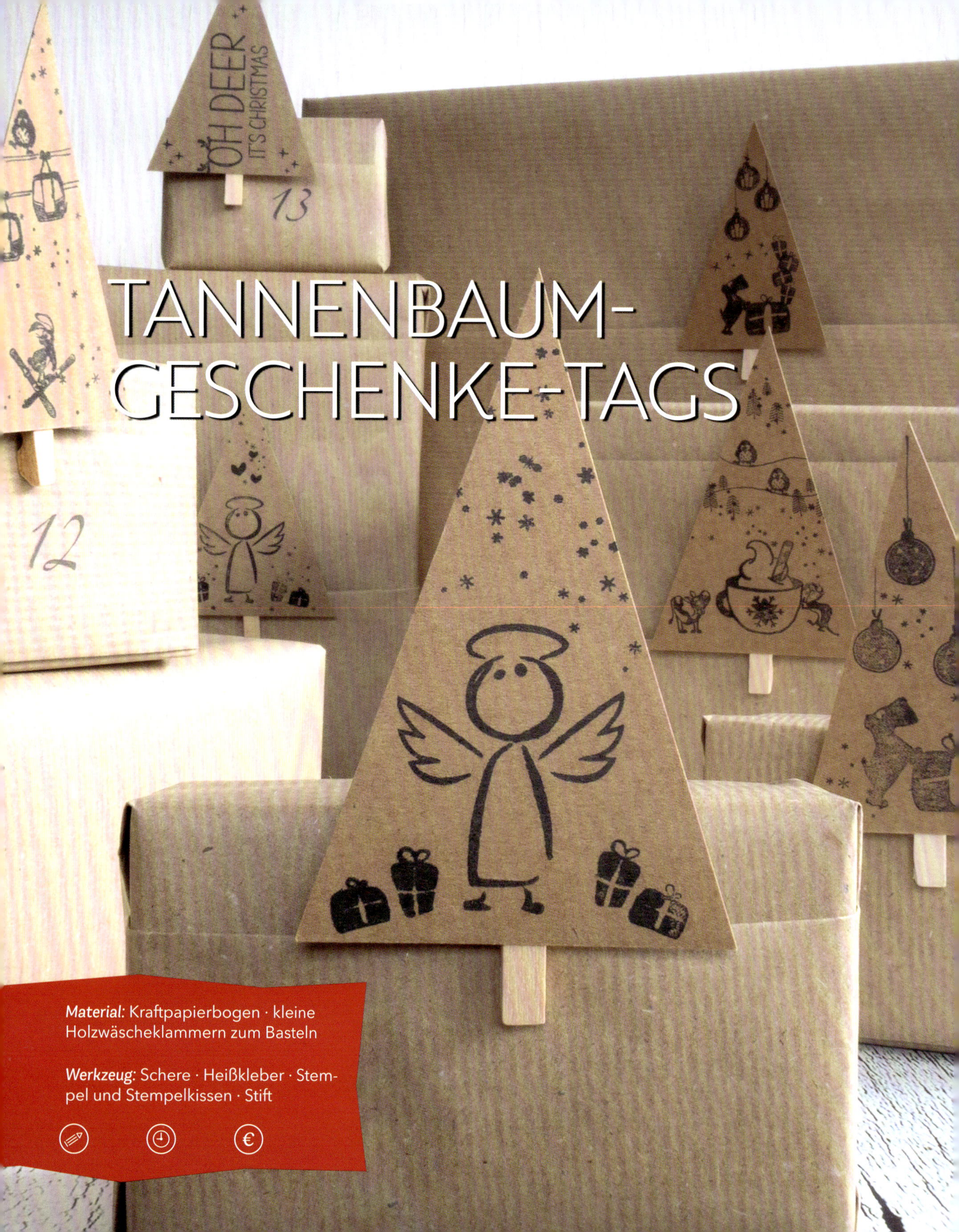

TANNENBAUM-GESCHENKE-TAGS

Material: Kraftpapierbogen · kleine Holzwäscheklammern zum Basteln

Werkzeug: Schere · Heißkleber · Stempel und Stempelkissen · Stift

Ich liebe es, Geschenke zu machen und sie liebevoll zu verpacken. Dazu gehören auch Geschenke-Tags, die offenbaren, für wen das Geschenk denn eigentlich bestimmt ist. Diese hier tragen die Information versteckt – auf ihrer Rückseite.

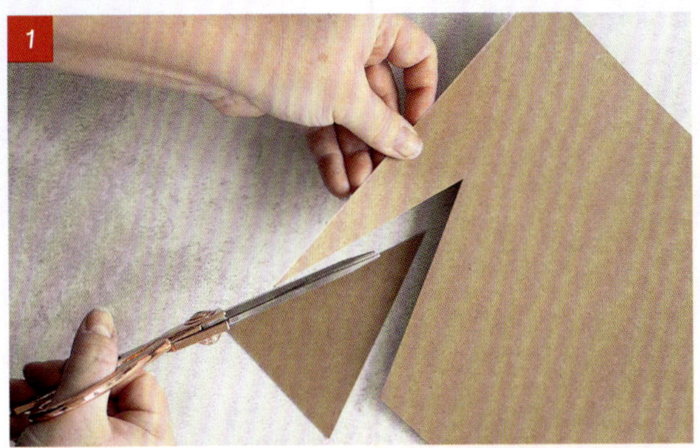

1

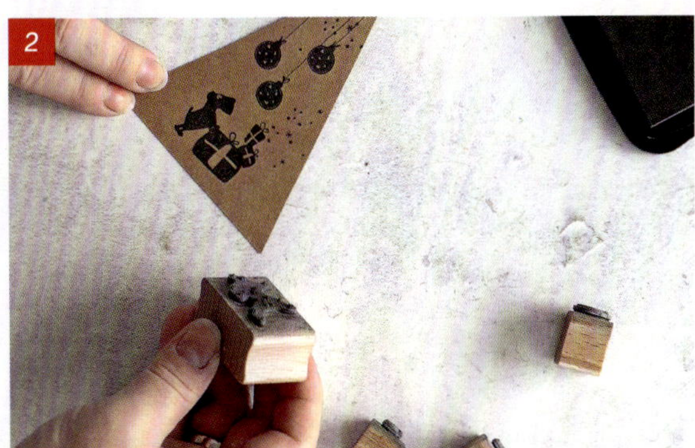

2

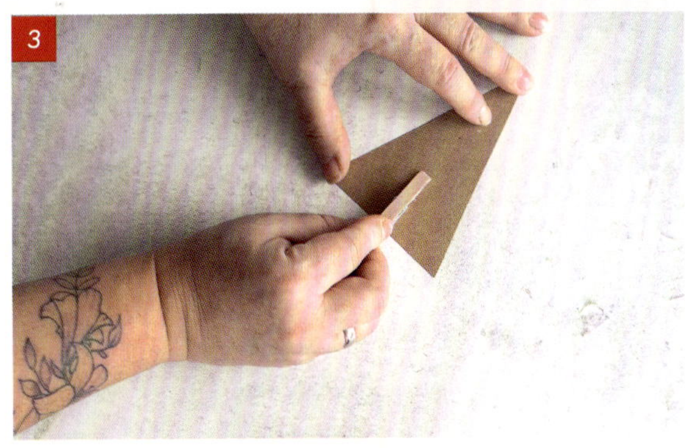

3

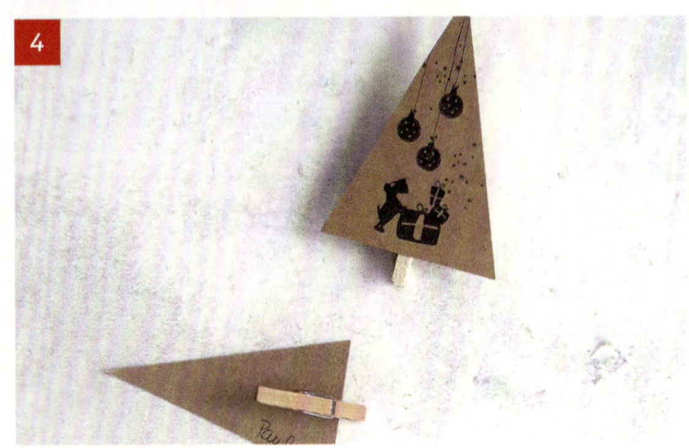

4

1. Schneide aus deinem Kraftpapierbogen Tannenbäumchen aus. Sie können gern unterschiedlich sein – in Größe und Form.
2. Stemple auf die Vorderseite Motive deiner Wahl.
3. Klebe auf die Rückseite mit etwas Heißkleber die Wäscheklammer fest. Lasse sie unten als Baumstamm etwas herausragen.
4. Vermerke auf der Rückseite den Namen der oder des Beschenkten. Stecke die Tannenbäumchen an die Geschenke und die Bescherung kann kommen. Da machen nicht nur die Geschenke Freude – auch die kleinen Tags machen den Beschenkten Spaß.

WINDLICHTER AUS WACHS

Material: Wachslinsen · Luftballons · Wasser · Backpapierbogen

Werkzeug: doppelwandiger Schmelztopf oder alter Kochtopf · Herdplatte

Natürliches Kerzenlicht strahlt Gemütlichkeit und Wärme aus. Diese hübschen Wachswindlichter sehen traumhaft aus und lassen sich einfach herstellen.

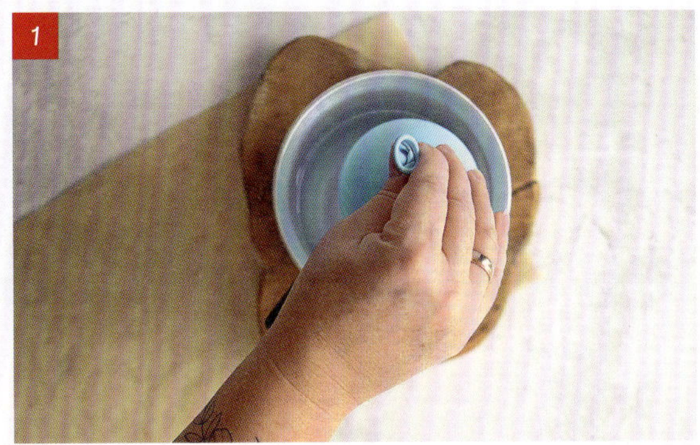

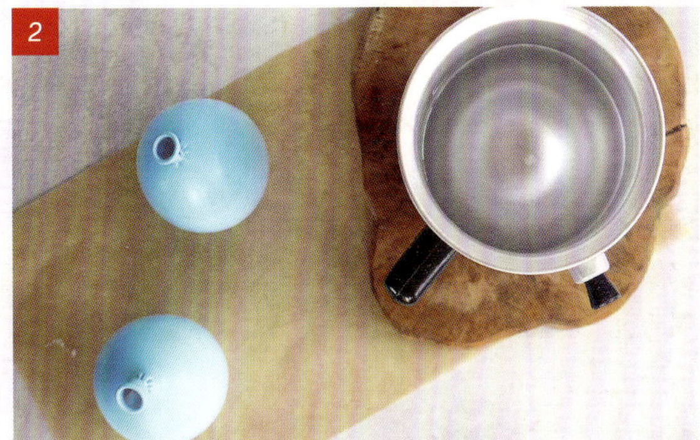

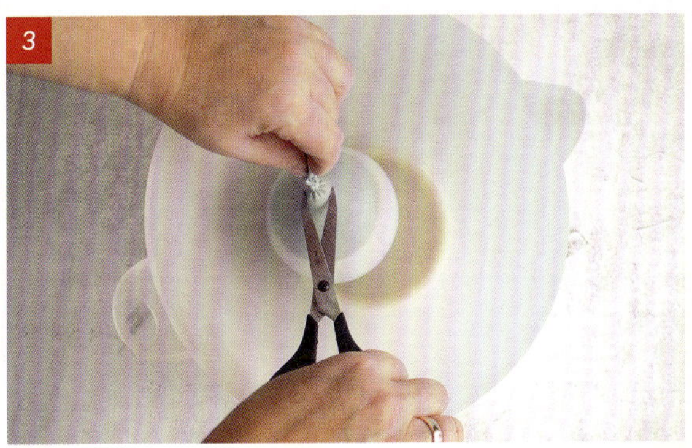

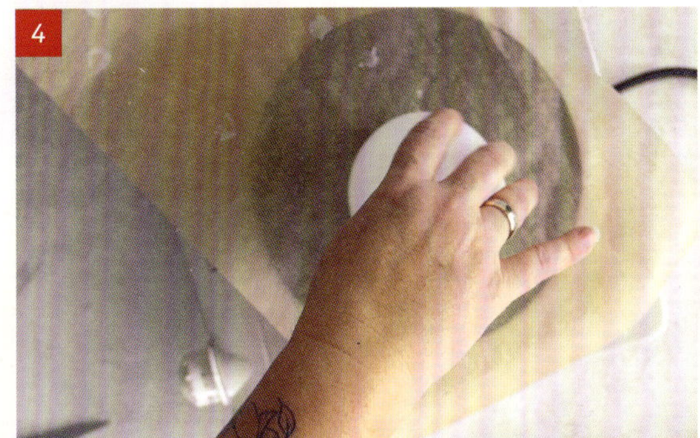

1. Stülpe deinen Luftballon über einen Wasserhahn und fülle ihn mit Wasser. Achte darauf, dass er nicht zu groß wird, er muss später noch in deinen Schmelztopf passen.

   Lass das Wachs im Schmelztopf schmelzen und wieder etwas abkühlen. Das Wachs darf nicht zu heiß sein, sonst platzt der Ballon. Tauche die untere Hälfte in das Wachs, ohne damit an die Topfwand zu stoßen.

2. Wiederhole den Tauchgang mehrfach, damit sich eine dickere Wachsschicht (ca. 4 mm) bildet.

   Nach einigen Tauchgängen stellst du die Ballons auf den Bogen Backpapier, damit sich eine Stellfläche bilden kann.

3. Lasse das Wachs fest werden, stelle den Ballon in eine Schüssel und schneide ihn auf.

4. Lege das Backpapier auf deine noch leicht warme Herdplatte. Damit das Wachslicht rundherum schön gleichmäßig wird, reibe es auf dem Backpapier.

   Du kannst in deine Windlichter echte Teelichter stellen oder batteriebetriebene Teelichter verwenden; damit verändert sich die Form des Windlichts nicht.

SCHNEEBALL-SCHLACHT »TO GO«

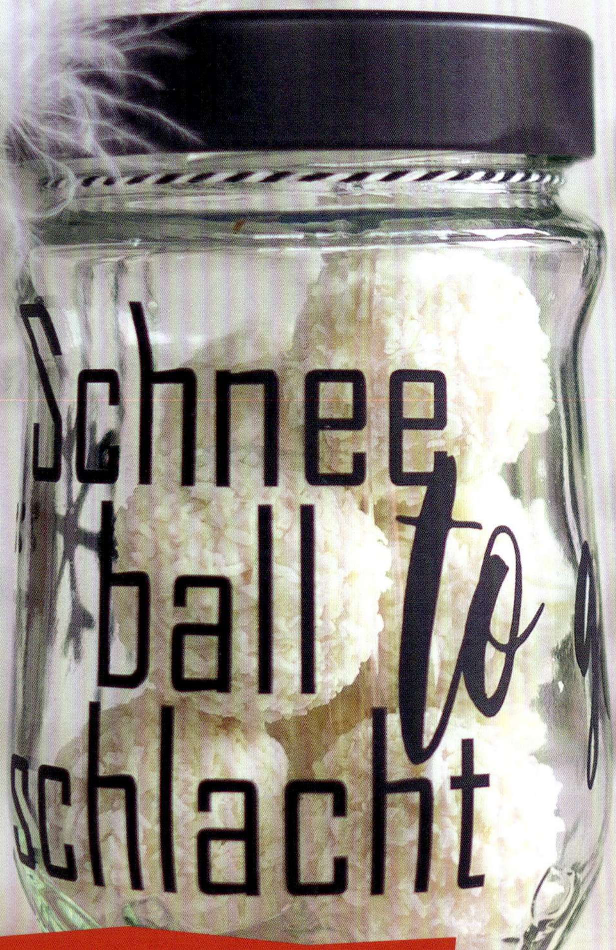

Material: Schraubgläser mit Deckel · runde weiße Pralinen · Schnur · Feder · Motiv aus Vinylfolie

Werkzeug: Schere

Nicht nur Plätzchen eignen sich als süße Mitbringsel. Und sind wir ehrlich – nicht jede und jeder ist geboren für die Weihnachtsbäckerei. Süß verpackt machen auch kleine Pralinen Freude, wie hoffentlich auch diese »Schneeballschlacht im Glas«.

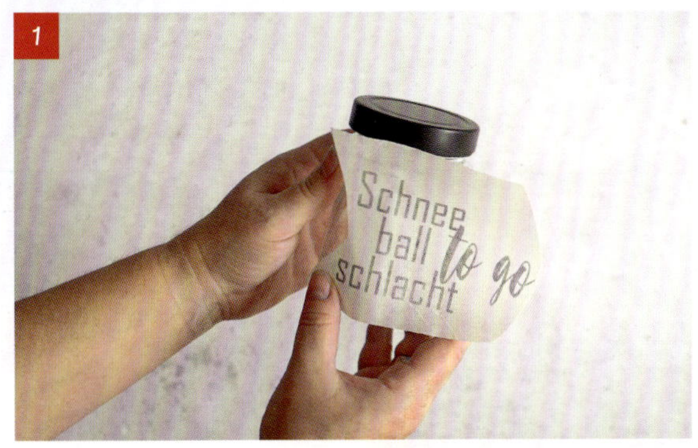

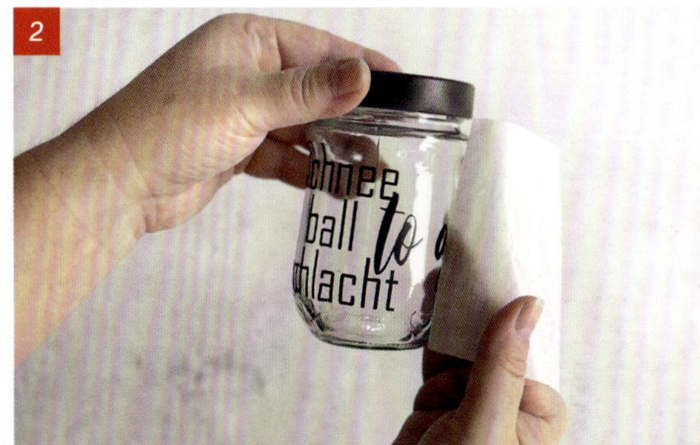

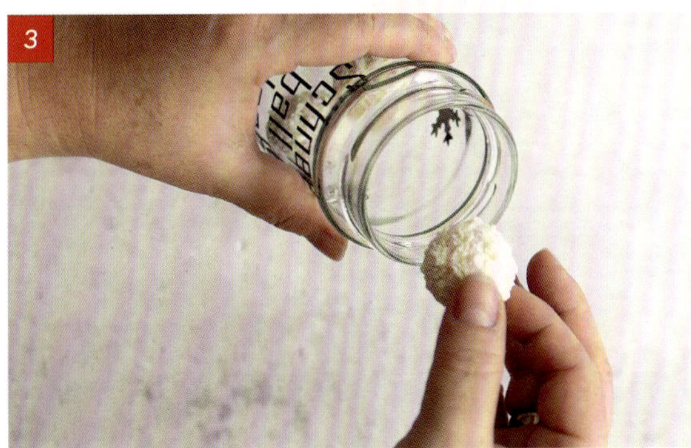

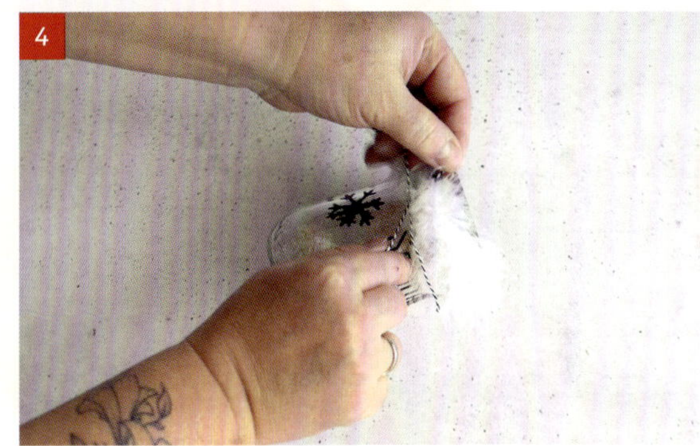

1. Versieh das Schraubglas mit einem schönen Motiv.

   Ich habe für die Gestaltung der Gläser das Motiv am Rechner gestaltet, mit einem Plotter aus Vinyl ausgeschnitten und mit dem Übertragungspapier auf das Glas übertragen.

   Tipp: Du findest aber auch im Internet viele fertige Motive auf Vinylfolie.

2. Ziehe danach das Transferpapier vorsichtig ab und streiche das Motiv nochmals fest.

   Du kannst dein Motiv auch mithilfe wasserfester Stifte auf das Glas aufbringen oder klebe selbst gestaltete Etiketten auf das Glas.

3. Fülle die Pralinen in dein Glas.

4. Verziere das Glas ganz nach deinem Geschmack. Ich habe noch eine hübsche Schnur angebracht und eine flauschige Feder angeklebt.

   Jetzt nur noch verschenken und sich die Schneeballschlacht »to go« schmecken lassen.

GESCHENK UNTER DER GLOCKE

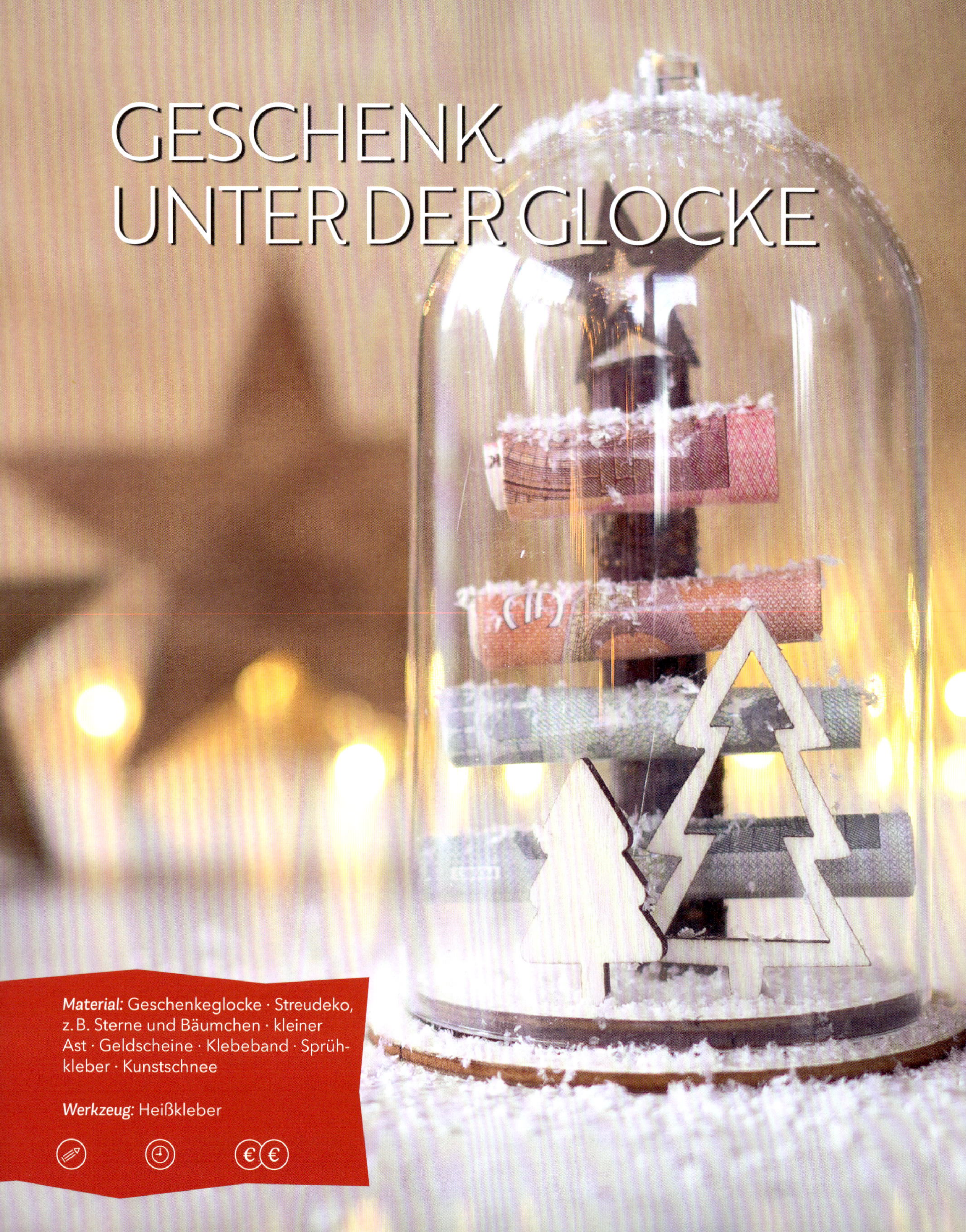

Material: Geschenkeglocke · Streudeko, z. B. Sterne und Bäumchen · kleiner Ast · Geldscheine · Klebeband · Sprühkleber · Kunstschnee

Werkzeug: Heißkleber

Ja, mit den Geschenken, das ist immer so eine Sache. Eigentlich schenken wir uns in der Familie ja nix und erfüllen uns die meisten Wünsche unterm Jahr selbst. Manchmal gibt es aber doch ein Geldgeschenk. Doch die Scheinchen im Umschlag zu übergeben, ist wenig einfallsreich und auch wenig besinnlich. Wie wäre es daher mit dieser Geschenkeglocke im Winterlook?

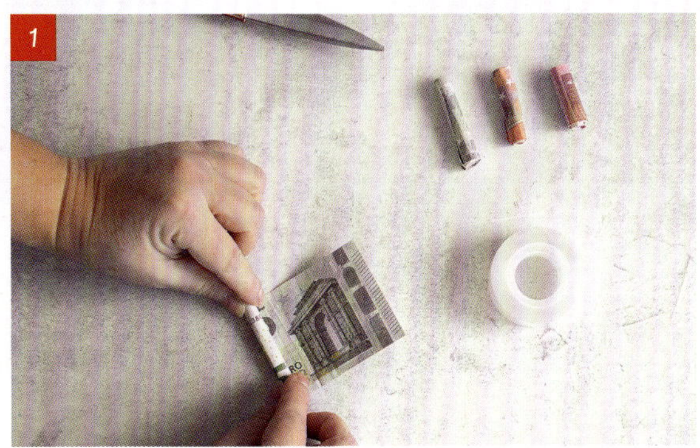

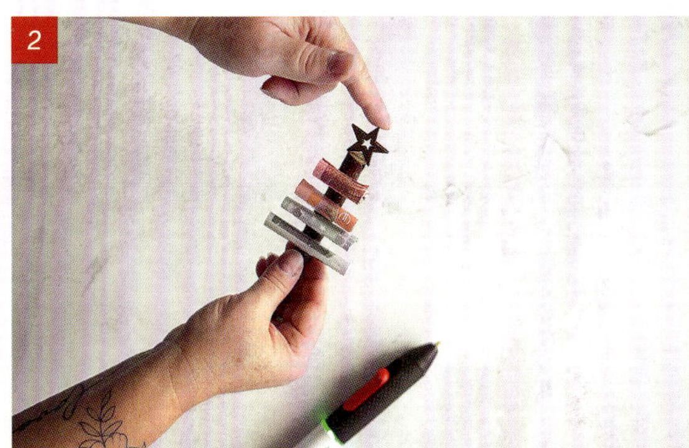

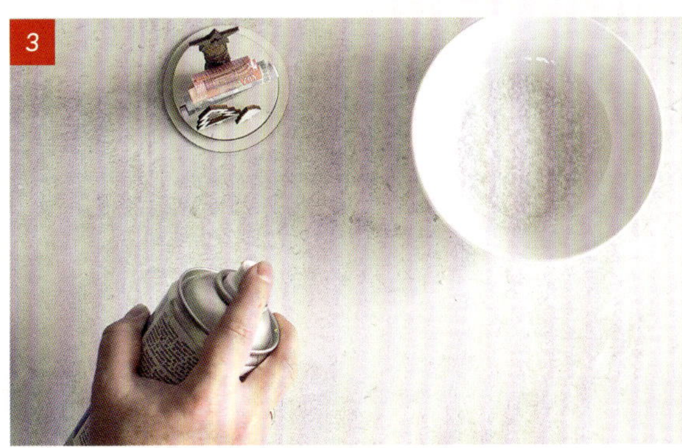

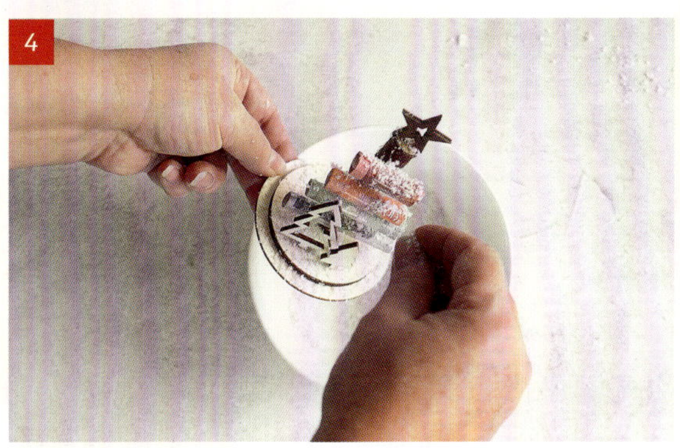

1. Rolle deine Geldscheine auf und fixiere die Rolle mit etwas Klebeband. Durch unterschiedliche Scheine werden die Rollen unterschiedlich lang. Du kannst aber auch einen Schein zuerst der Länge nach falten und dann rollen, damit er kürzer wird.

2. Klebe die Geldschein-Rollen mit etwas Heißkleber an deinem Ast fest. Fange mit den breiten Rollen unten an und werde nach oben hin immer schmaler.

   Setze ein kleines Sternchen als Spitze auf deinen Baum.

3. Klebe den Baum mit Heißkleber auf den Boden deiner Glasglocke und besprühe alles mit etwas Sprühkleber.

4. Verteile für einen winterlichen Look etwas Kunstschnee darüber und setze den Deckel der Glocke auf.

Dein Geldgeschenk ist auf diese Weise weihnachtlich und liebevoll verpackt. Ganz sicher macht es dem Beschenkten besonders viel Freude.

ZAPFEN-BÄUMCHEN

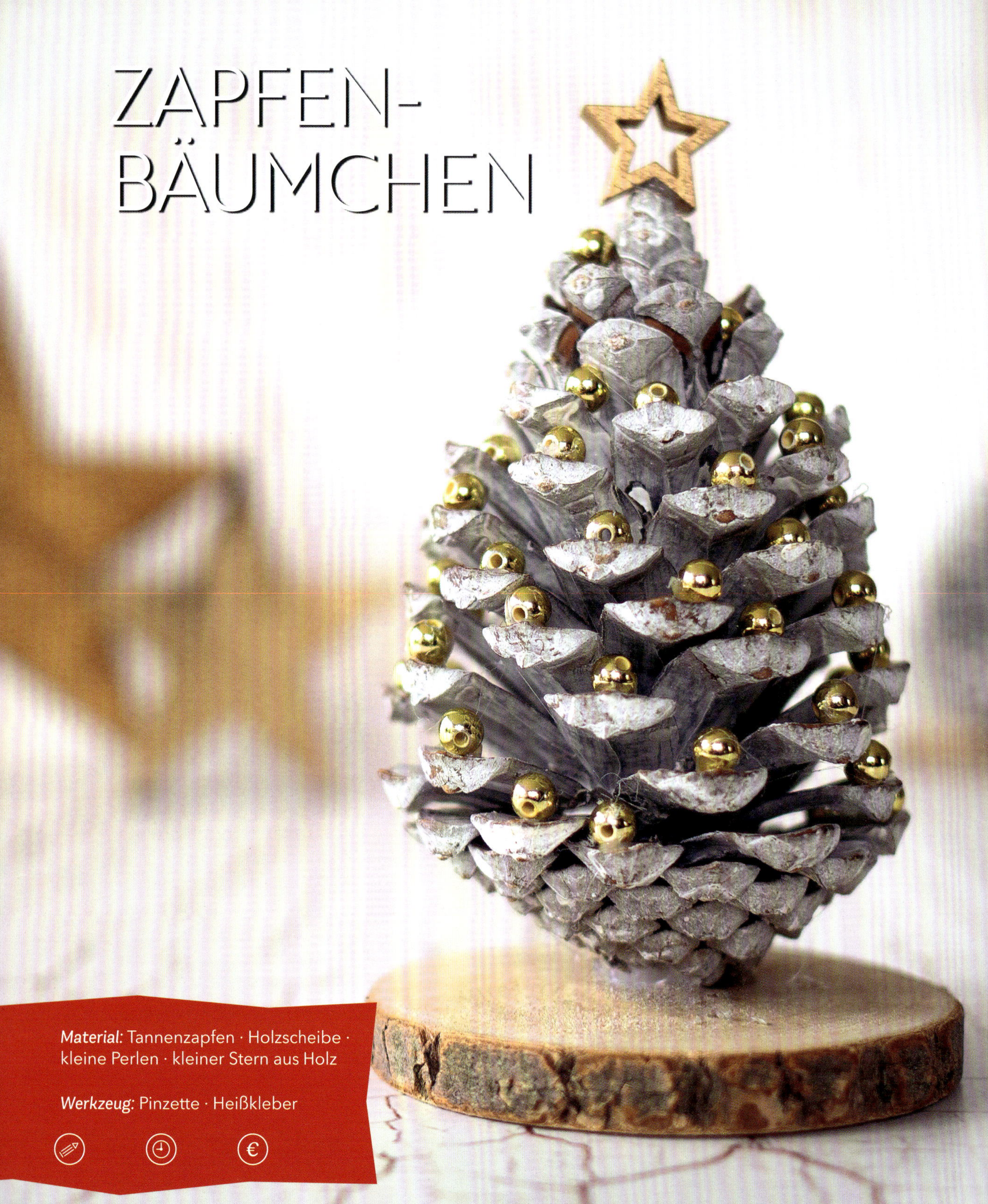

Material: Tannenzapfen · Holzscheibe · kleine Perlen · kleiner Stern aus Holz

Werkzeug: Pinzette · Heißkleber

Du hast keinen Platz für einen großen Weihnachtsbaum? Du hast trotzdem Lust, einen Weihnachtsbaum aufzustellen und festlich zu schmücken? Dann kommt diese Mini-Version eines Weihnachtsbäumchens für dich gerade recht. Aber auch für alle, die von Weihnachtsbäumchen nicht genug haben können.

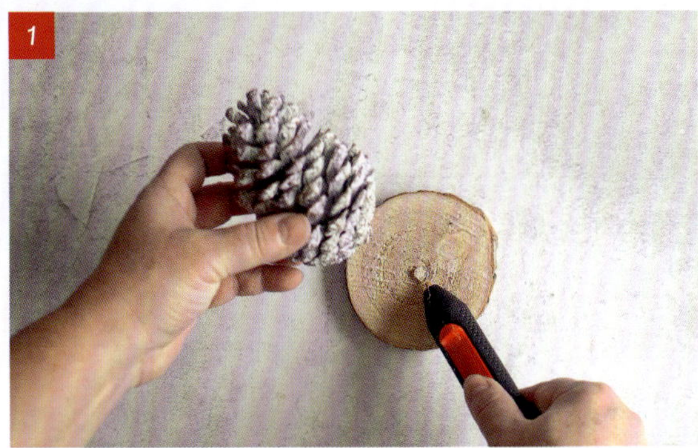

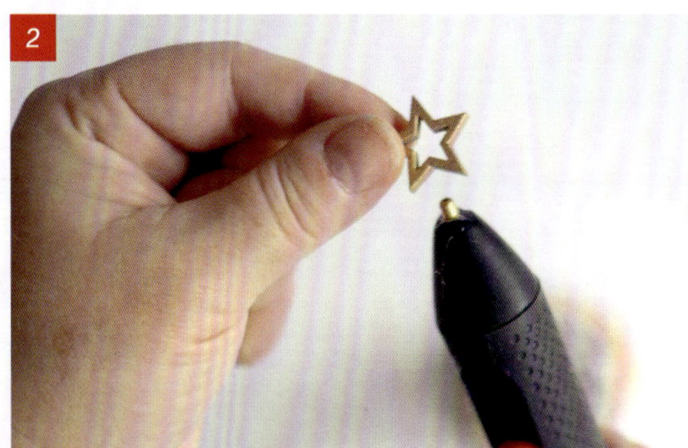

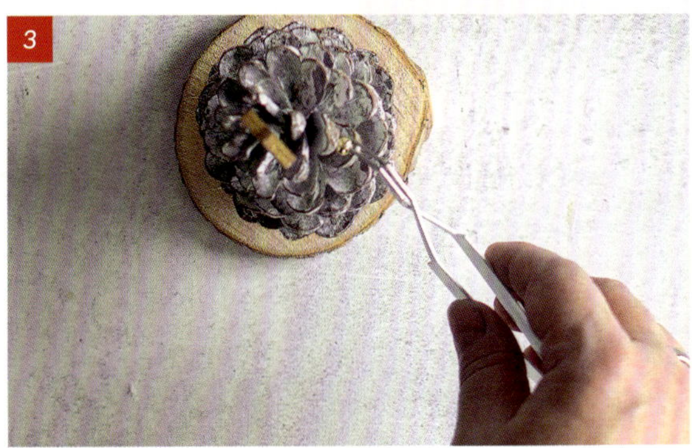

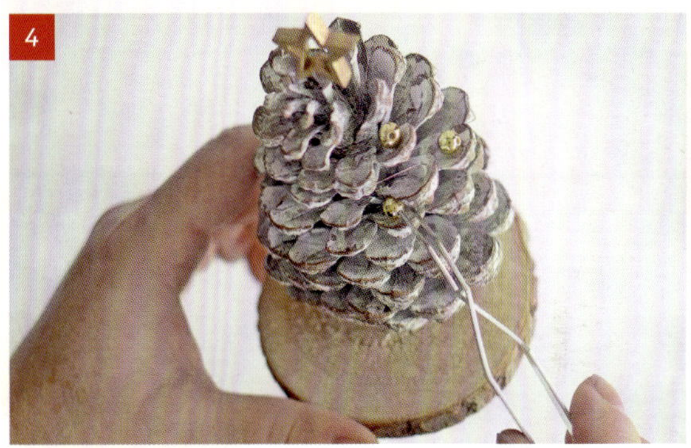

1. Gib etwas Heißkleber auf deine Holzscheibe und platziere deinen Zapfen als Bäumchen mittig darauf.

2. Fixiere den Stern mit etwas Heißkleber an der Spitze deines Bäumchens.

3. Schmücke deinen Baum nun mit den kleinen Perlen. Wenn die Perlen sehr klein sind, hilft dir eine Pinzette, sie exakt zu positionieren.

4. Du kannst die Farbe deiner Perlen, und damit deiner Kugeln, ganz nach deinem Geschmack wählen. Ich habe mich hier für klassische goldene Kugeln entschieden. Du kannst einen Baum aber auch ganz bunt schmücken.

   Stelle dein Bäumchen an einer hübschen Stelle in deinem Zuhause auf und ich verspreche dir, die Mini-Variante macht ebenso viel Freude wie die ausgewachsene Version.

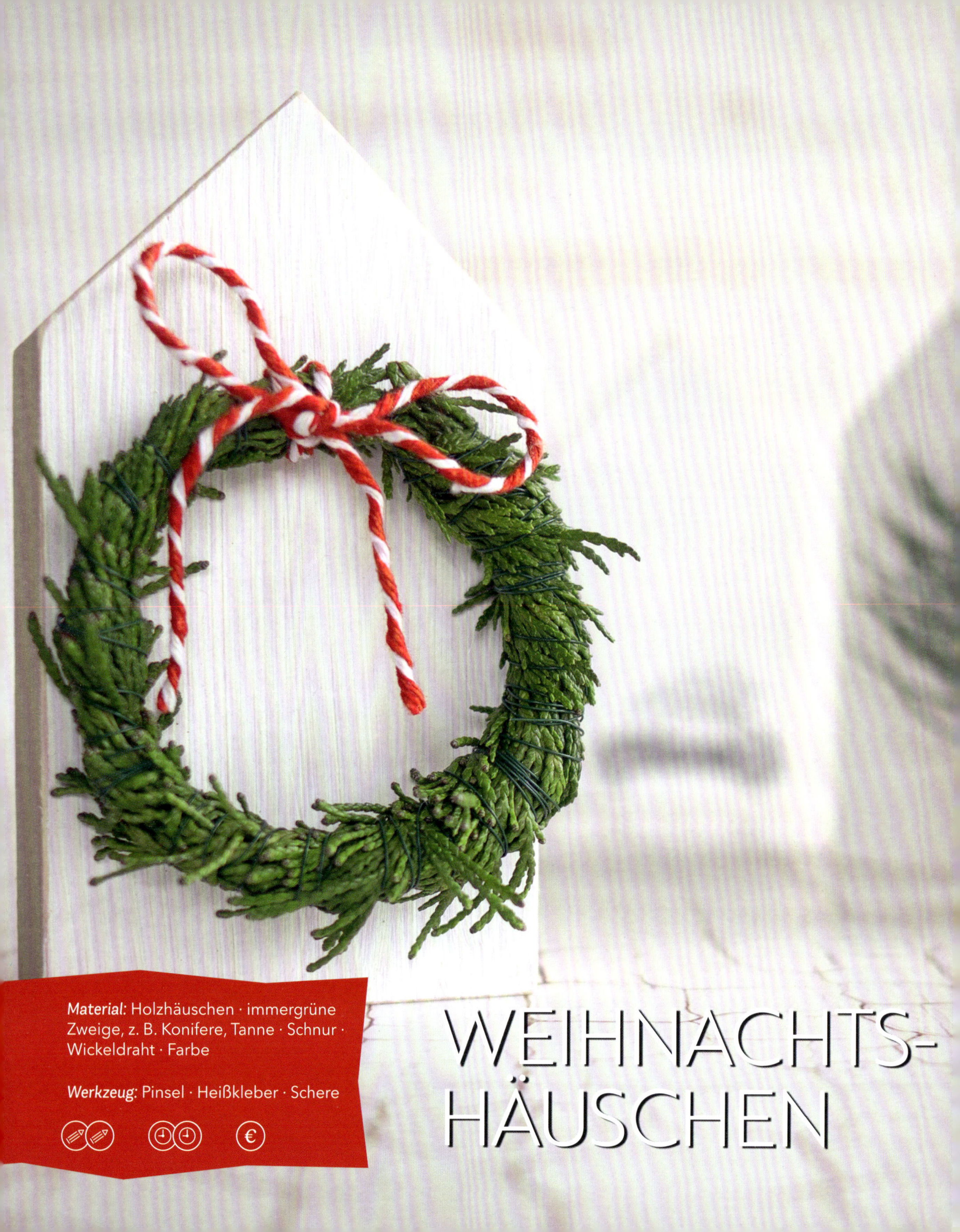

WEIHNACHTS-HÄUSCHEN

Material: Holzhäuschen · immergrüne Zweige, z. B. Konifere, Tanne · Schnur · Wickeldraht · Farbe

Werkzeug: Pinsel · Heißkleber · Schere

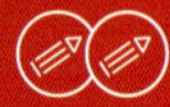  

Ein schöner Deko-Trend sind derzeit Häuschen in allen Variationen und aus verschiedenen Werkstoffen. Da darf auch ein Weihnachtshäuschen nicht fehlen, das du individuell gestalten kannst.

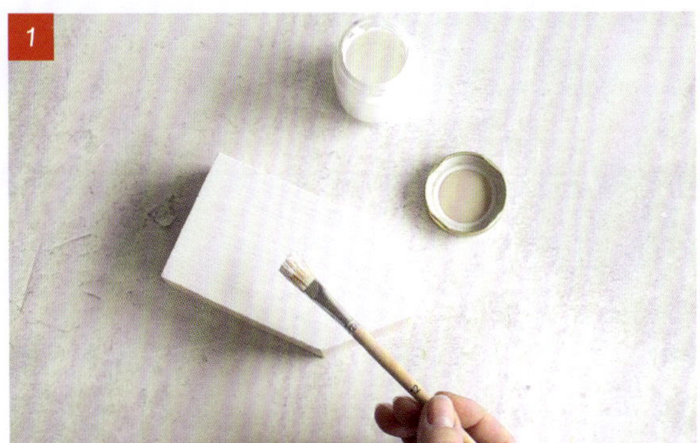

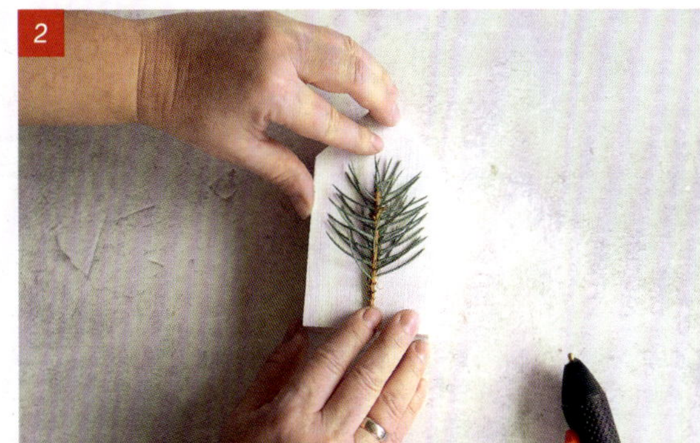

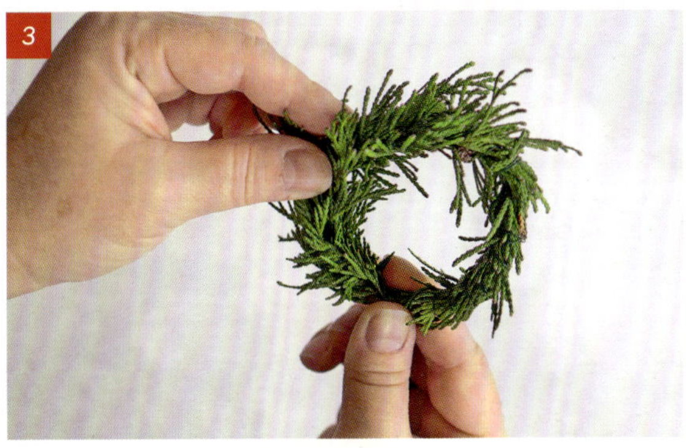

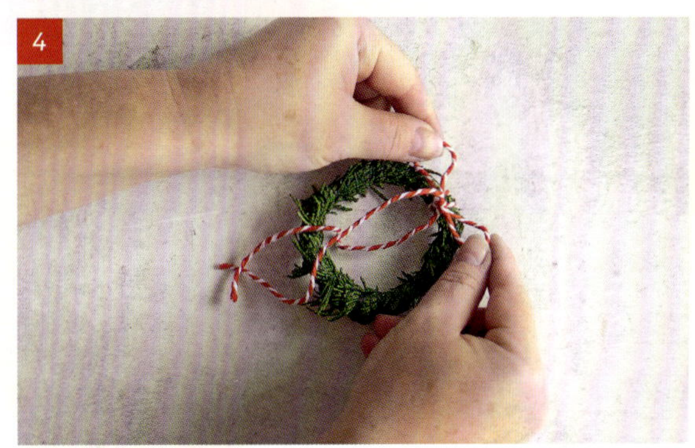

1. Streiche die Vorderseite deines Häuschens in deiner Lieblingsfarbe. Ich habe mich für ein schlichtes Weiß entschieden.

2. Klebe mit Heißkleber kleine Tannenzweige auf eines deiner Häuschen.

3. Forme einen Zweig zu einem Ring, umwickle ihn mit Draht und verbinde so die Enden miteinander.

4. Bringe noch eine hübsche Schleife am Kränzchen an und klebe den Kranz an ein zweites Häuschen.

Du kannst deine Häuschen auch bemalen, bestempeln oder mit Vinyl-Motiven bekleben. So entsteht eine ganze Häuschen-Stadt, die deinen Tisch oder deine Fensterbank weihnachtlich schmückt. Aber auch zum Verschenken eignen sich die liebevoll gestalteten Unikate.

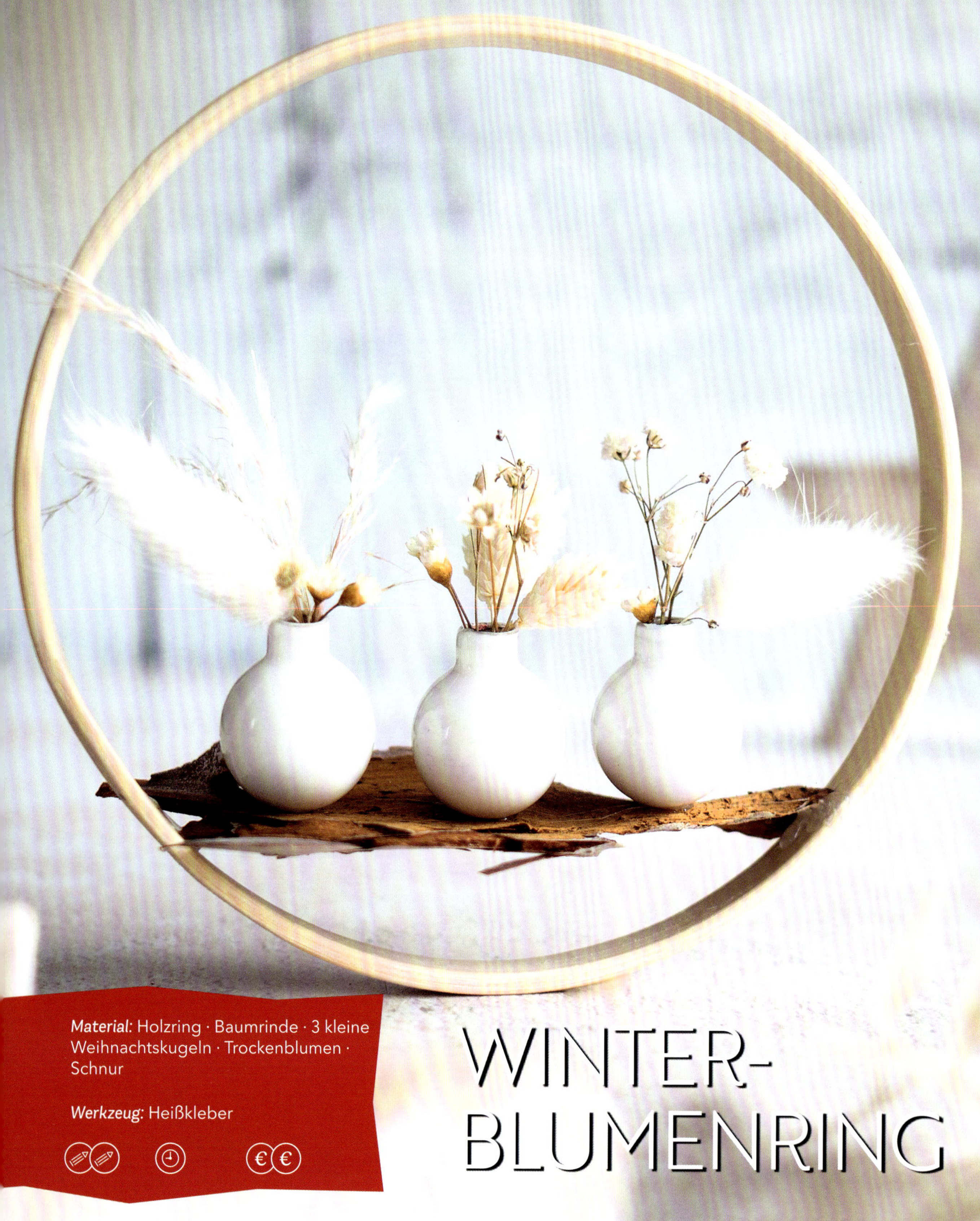

Material: Holzring · Baumrinde · 3 kleine Weihnachtskugeln · Trockenblumen · Schnur

Werkzeug: Heißkleber

WINTER-BLUMENRING

Einen Blumenring mit Trockenblumen kannst du auch ganz neu interpretieren und ihm einen winterlichen Touch verleihen. Als Fensterdeko ist er von innen und von außen ein schöner Blickfang.

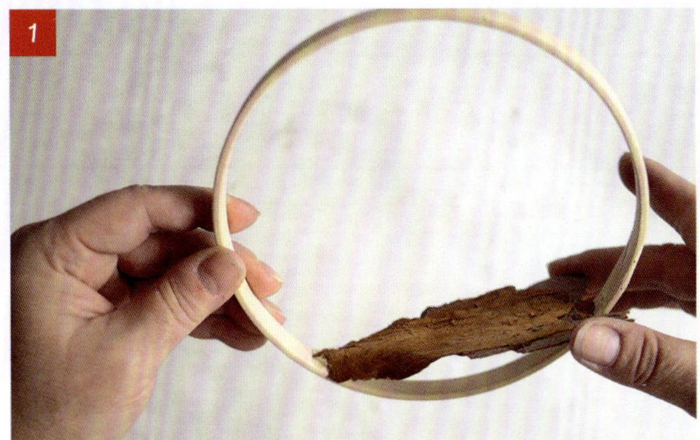

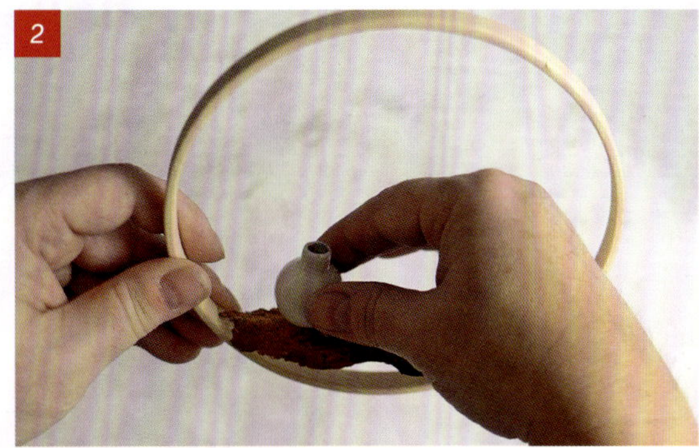

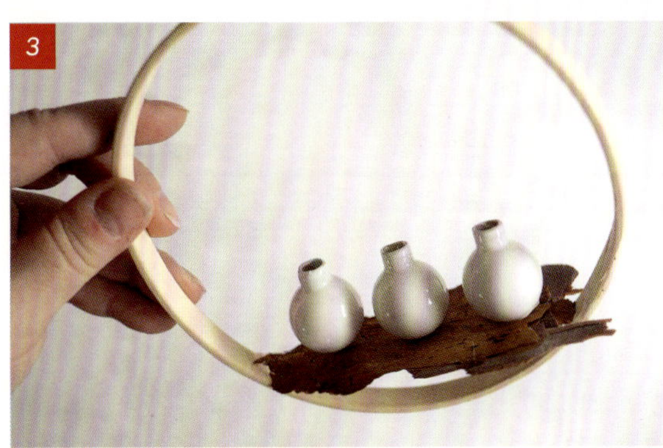

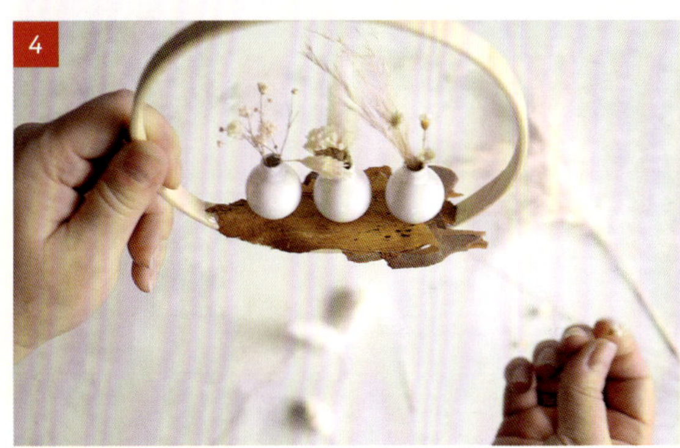

1. Klebe die Holzrinde mit etwas Heißkleber in den Holzring.

2. Nimm von den Weihnachtskugeln die Aufhänger ab und positioniere sie mit etwas Heißkleber nebeneinander auf der Rinde.

3. Ich habe mich für drei Kugeln entschieden, die hier zu Mini-Vasen werden. Ungerade Zahlen sprechen das Auge besonders an.

4. Kürze deine Trockenblumen passend und arrangiere sie in den Mini-Väschen. Ich habe hier weiße Trockenblumen verwendet, die wunderbar zu den weißen Weihnachtskugeln passen.

Bringe noch eine Schnur als Aufhängung an, und los geht es auf die Suche nach dem schönsten Fensterplatz.

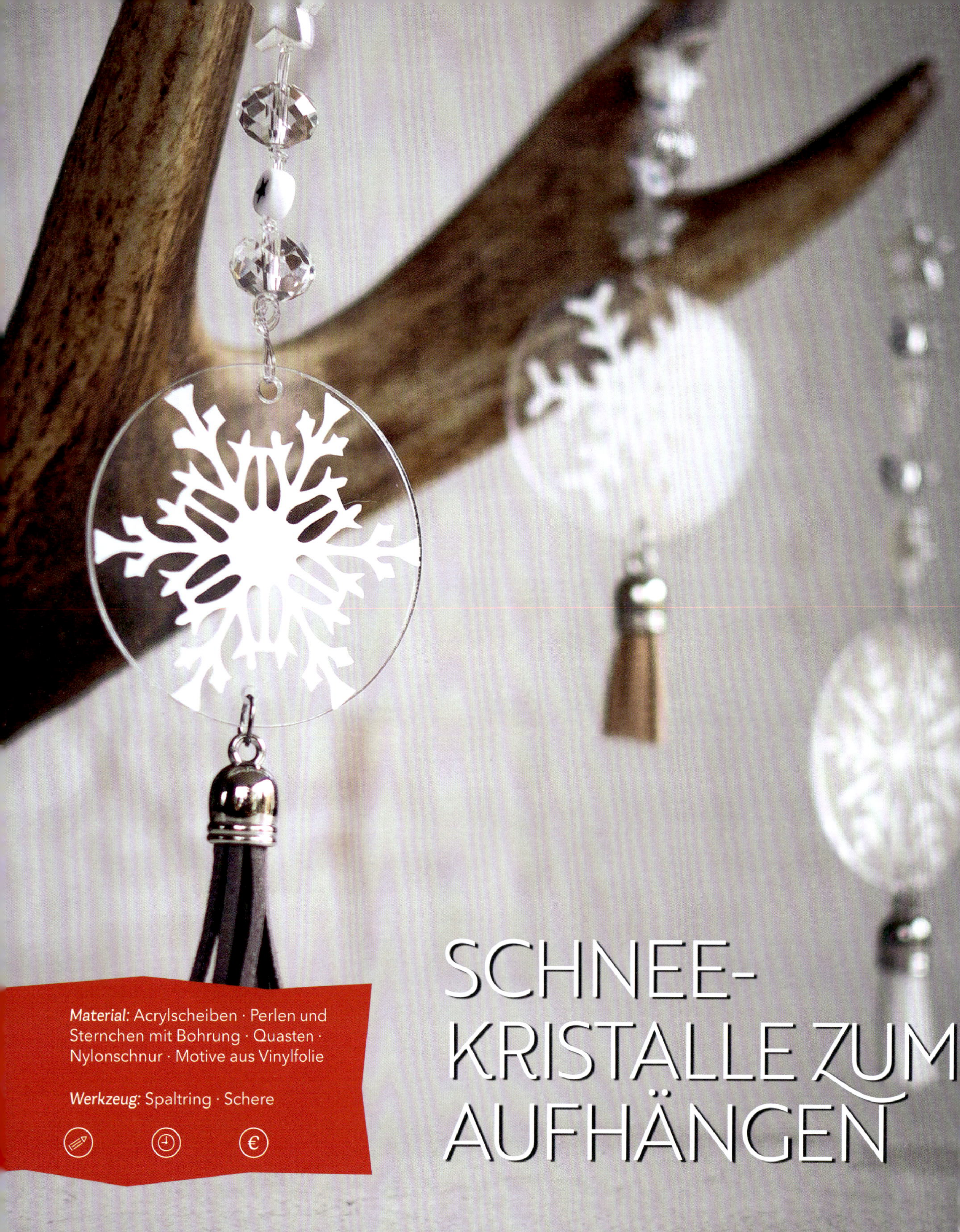

SCHNEE-KRISTALLE ZUM AUFHÄNGEN

Material: Acrylscheiben · Perlen und Sternchen mit Bohrung · Quasten · Nylonschnur · Motive aus Vinylfolie

Werkzeug: Spaltring · Schere

€

Die filigranen Anhänger sind wahrhafte Allrounder am Weihnachtsbaum, im Fenster oder an einem liebevoll verpackten Geschenk. Sicher fallen dir noch viele andere Möglichkeiten ein, die hübschen Schneekristalle zu arrangieren.

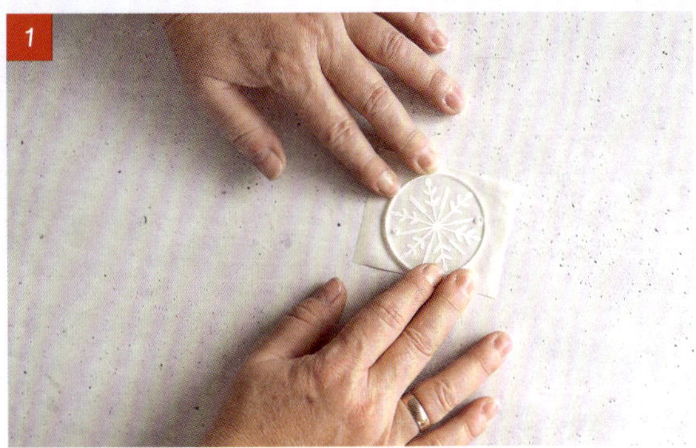

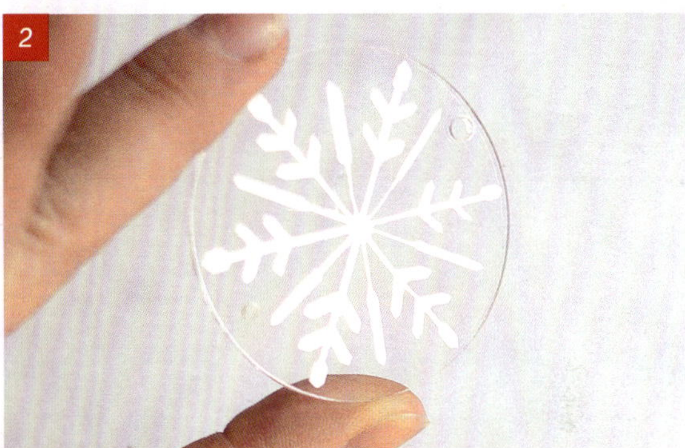

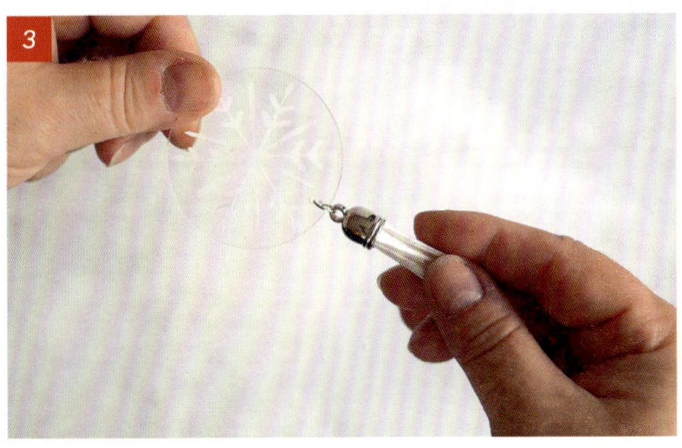

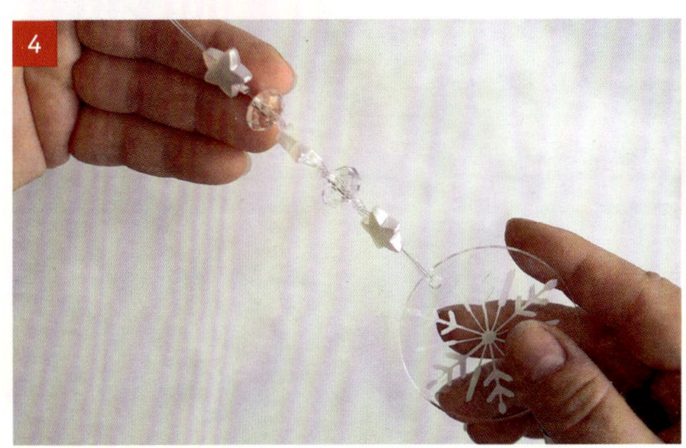

1. Klebe auf die Acrylhänger deine Motive aus Vinyl auf. Du kannst die Anhänger aber auch mit Aufklebern verschönern oder mit wasserfesten Stiften bemalen.

   Ich habe mich für filigrane Schneeflocken entschieden. Die Motive habe ich vorab am PC erstellt und auf einem Schneidplotter ausgeschnitten. Du findest im Internet viele fertige Motive auf Vinylfolie.

2. Die Acrylhänger gibt es bereits mit einem Loch. Bei Bedarf bringe mit einem dünnen Bohrer ein zweites Loch an der gegenüberliegenden Seite an.

3. Befestige an einem der beiden Löcher mit einem Spaltring eine Quaste.

4. Fädele durch das andere Loch die Nylonschnur, nimm sie doppelt und mach am Anhänger einen Knoten. Fädele die Schnur abwechselnd durch Perlen und Sternchen und verknote sie nach jedem Objekt.

   Knote nach der letzten Perle eine Schlaufe für die Aufhängung.

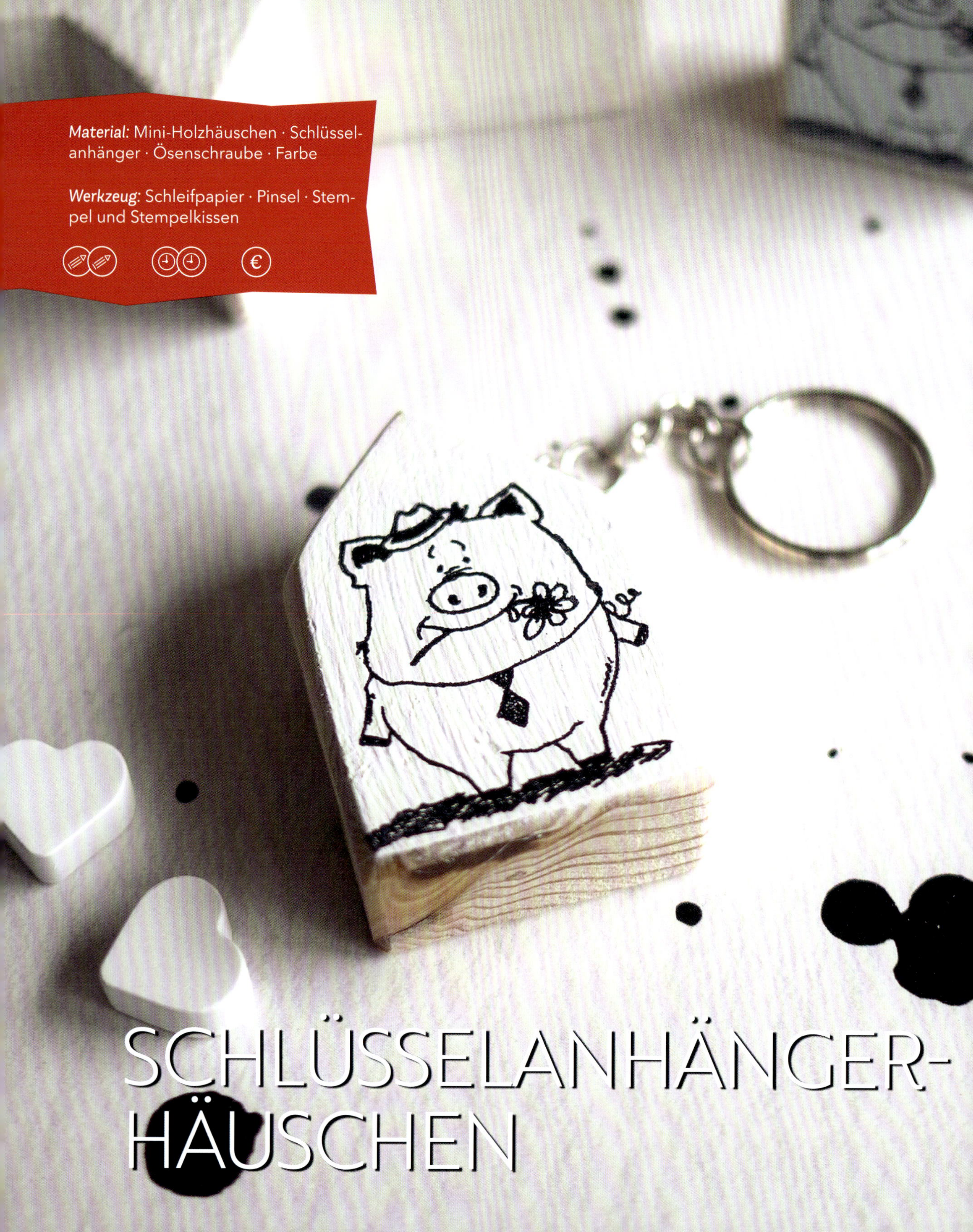

Material: Mini-Holzhäuschen · Schlüsselanhänger · Ösenschraube · Farbe

Werkzeug: Schleifpapier · Pinsel · Stempel und Stempelkissen

SCHLÜSSELANHÄNGER-HÄUSCHEN

Es ist sicher kein Geheimnis: Nach Weihnachten steht schon gleich Silvester an. Der Jahreswechsel ist verbunden mit den Wünschen, Glück und Gesundheit mögen im neuen Jahr erhalten bleiben. Als Gastgeschenk kannst du diese guten Wünsche bereits beim Weihnachtsessen im wahrsten Sinne des Wortes mitgeben – als kleinen Schlüsselanhänger für jede und jeden.

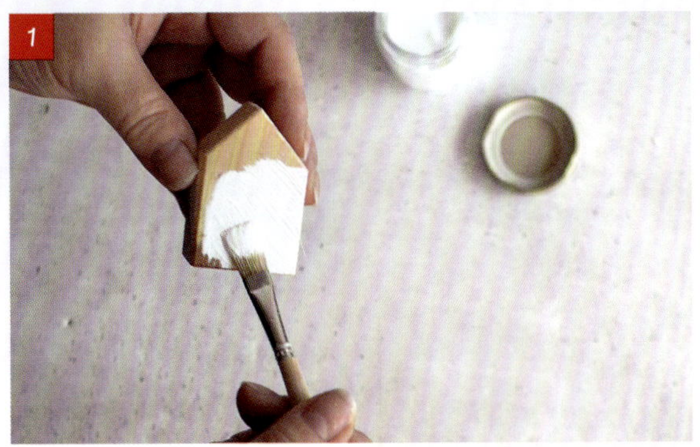

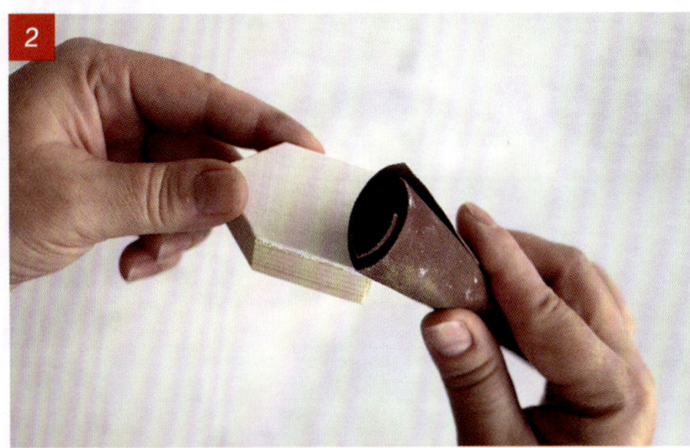

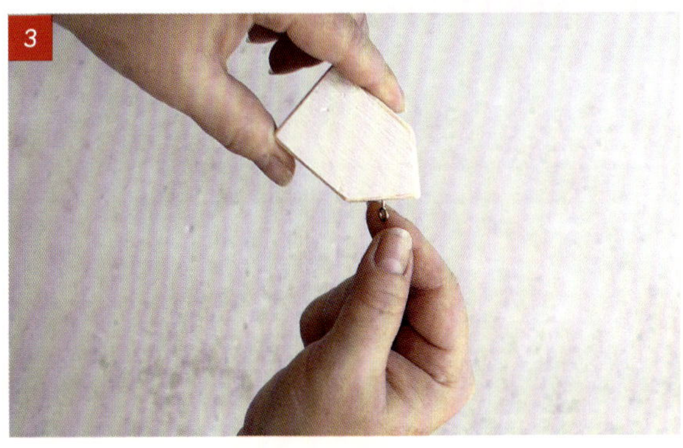

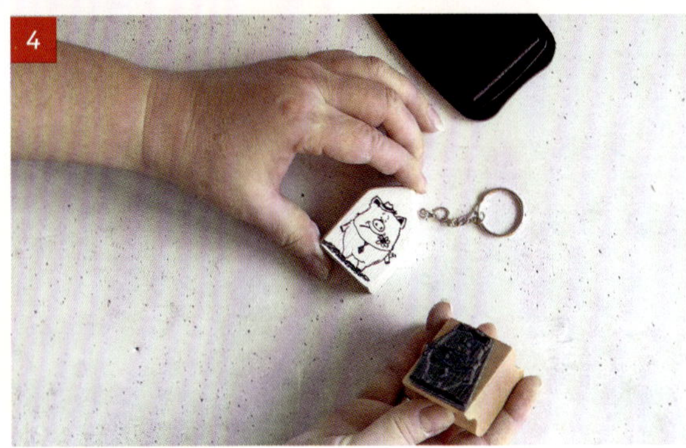

1. Streiche dein Häuschen an der Vorderseite mit deiner Lieblingsfarbe an. Achte darauf, dass die Farbe einen guten Kontrast zu deiner Stempelfarbe bildet.

2. Schleife danach die Kanten nach. So entsteht ein sauberer Farbabschluss.

3. Drehe nun die Ösenschraube in eine der Dachschrägen. Bei weichem Fichtenholz geht das wunderbar von Hand.

4. Wenn die Farbe auf der Vorderseite getrocknet ist, stemple dein Wunschmotiv auf oder male es auf. Ich habe mich hier für ein Glücksschweinchen als Glücksbringer entschieden.

Lege allen Gästen einen Schlüsselanhänger an den Platz. Das süße Gastgeschenk wird sicher für Freude sorgen.

GLÜCKS-NÜSSE

Material: Walnüsse in Hälften (leer) · Botschaften auf Papierstreifen · Schnur

Werkzeug: Schere · Heißkleber

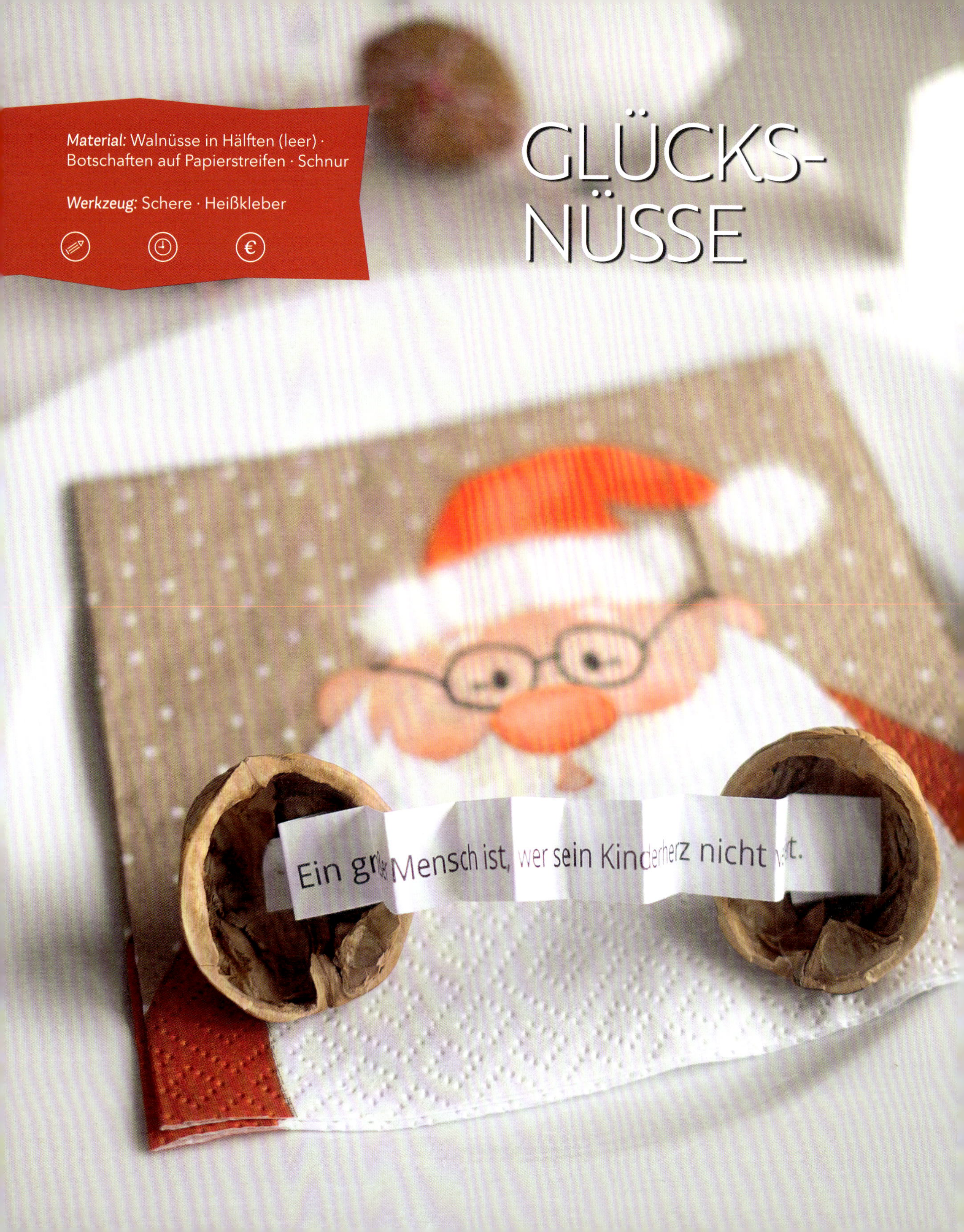

  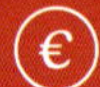

Das Jahresende ist oft mit dem Blick auf das vergangene Jahr verbunden und mit guten Vorsätzen für das neue Jahr. Die Glücksnüsse sind die weihnachtliche Abwandlung chinesischer Glückskekse und bergen manch gut gemeinten Rat oder kluge Weisheit zum Nachdenken.

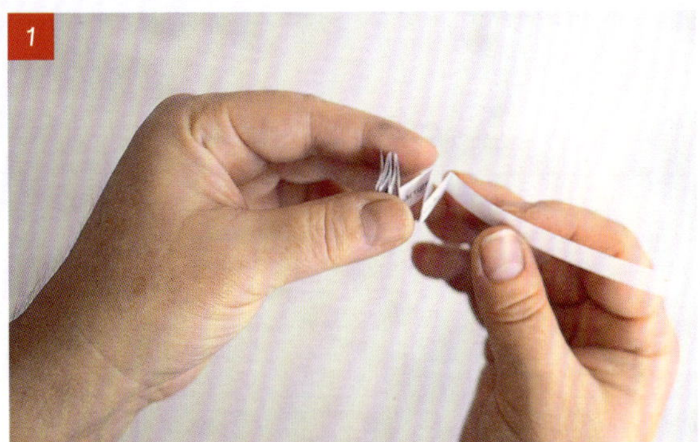

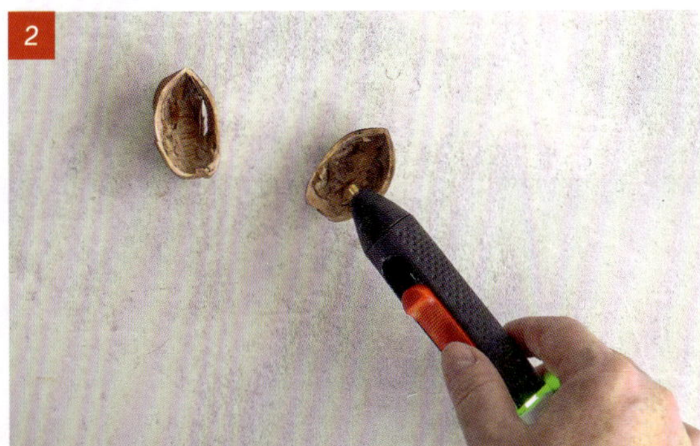

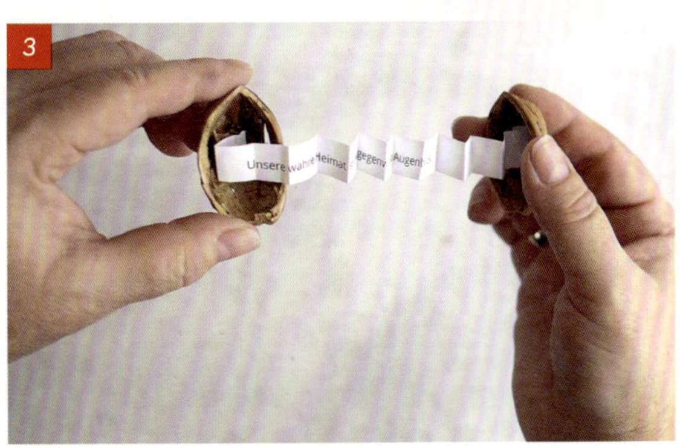

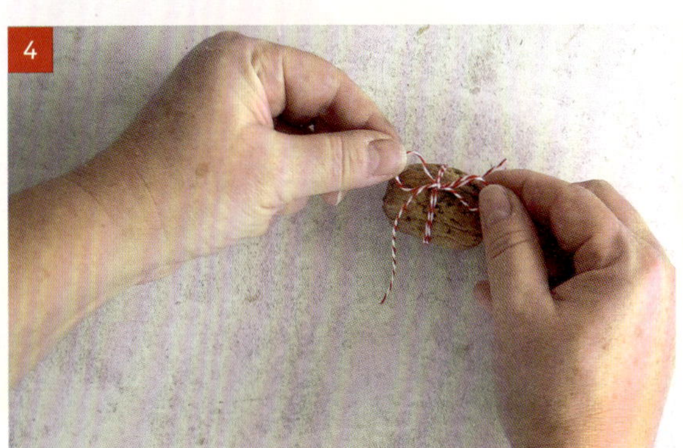

1. Drucke dir schöne Zitate, Weisheiten oder Ratschläge aus und schneide sie in Streifen. Du kannst die Sprüche natürlich auch auf Papierstreifen schreiben Falte die Streifen wie eine Ziehharmonika.

2. Klebe das eine Ende des Papierstreifens mit Heißkleber in die eine …

3. … und das andere Ende in die andere Nusshälfte.

4. Füge beide Nusshälften zusammen und binde eine hübsche Schnur mit einem Schleifchen drum herum. Lege jedem Gast eine Nuss an seinen Platz, entweder mit einem gezielt für die betreffende Person ausgewählten Spruch oder ganz zufällig.

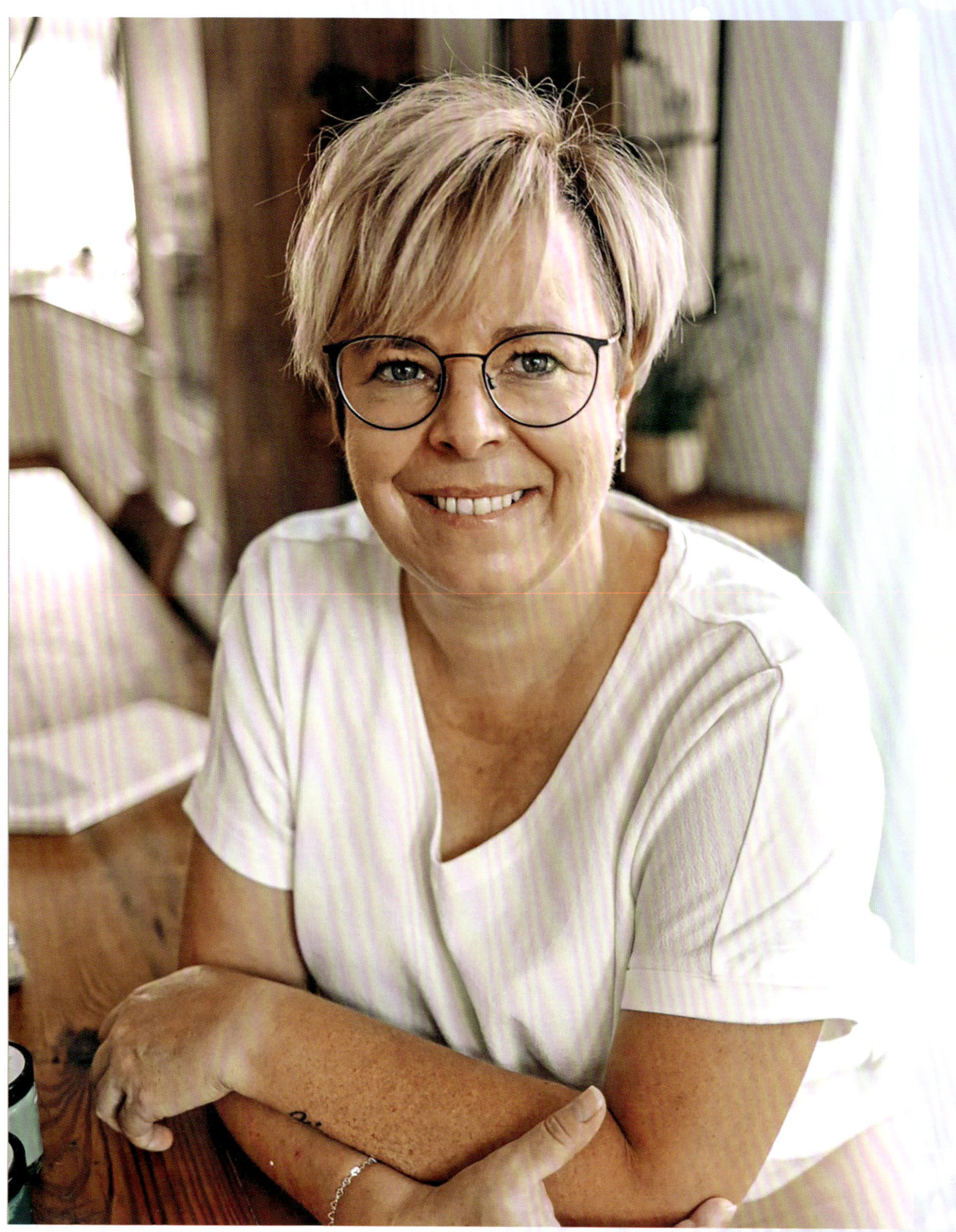

ÜBER DIE AUTORIN

Katja Henning lässt kaum eine Gelegenheit ungenutzt, sich kreativ auszuleben. »Feste feiern – Weihnachten« ist ihre fünfte Veröffentlichung und beschäftigt sich mit stilvollen DIY-Ideen rund um die ideenreiche Ausgestaltung der schönsten Zeit des Jahres. Mit Fantasie und Einfallsreichtum gestaltet sie Projekte zu Fensterdekorationen, Tischambiente, Kerzenlicht, Engeln und vielem mehr und zeigt in diesem Buch, wie einfach es ist, geschmackvolle Unikate selbst herzustellen und einem wunderbaren Fest ganz persönlichen Charakter und Charme zu geben.

DIY und Upcycling sind seit Langem ihre große künstlerische Leidenschaft. In ihrem »Gestaltungsraum« (www.meingestaltungsraum.de) und auf Social Media zeigt sie anderen Kreativen, was man so alles aus alltäglichen Dingen, aus Holz oder Beton gestalten kann, veröffentlicht Schritt-für-Schritt-Anleitungen, verkauft ihre wunderschönen Werke und gibt ihr Talent in Workshops weiter. Bereits in ihren Veröffentlichungen »Kreative Deko aus Holz«, »Deko-Liebe Beton«, »Feste feiern – Hochzeit« und »Feste feiern – Babyparty« nimmt sie ihre Leser*innen mit in ihre kreative Welt.

Katja Henning lebt mit ihrem Mann, ihren beiden Töchtern und Familienhund Wilma in der Nähe von Karlsruhe. Auch beruflich ist sie im kreativen Bereich tätig und leitet die Kommunikationsabteilung eines internationalen Unternehmens.

VIELEN DANK

Mein größter Dank geht an meine Familie. Viele Stunden fließen in ein solches Kreativbuch. Danke, dass ihr mir die Freiräume dafür gebt und das kreative Chaos – das sich meist auf unserem Esstisch einstellt – toleriert. Danke an alle Kreativen dieser Welt, die mit ihren Ideen auch immer wieder Inspirationsquelle für mich sind.

Danke an Lisa Tihanyi – ich habe bei dir so viel über Fotografie und Storytelling lernen dürfen. Danke an alle Freunde und die »Gestaltungsraum«-Community für die Begeisterung für meine DIY-Projekte und die wertvollen Anregungen. Ihr seid die Besten.

Herzlichen Dank an den Christophorus Verlag, der mit diesem Buch erneut an mich und meine Ideen glaubt. Vielen lieben Dank, liebe Lena Denu, für das Vertrauen und die engagierte und wundervolle Unterstützung.

*Und vielen Dank an all meine Leser*innen, die meine Bücher kaufen und sich von meinen Ideen inspirieren lassen.*

WEITERE BÜCHER DER AUTORIN

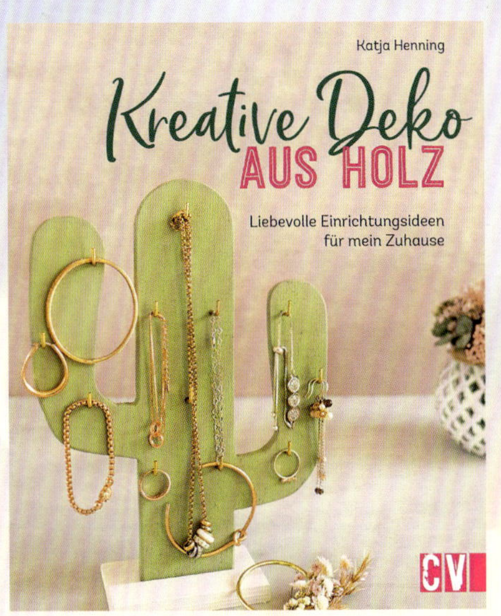

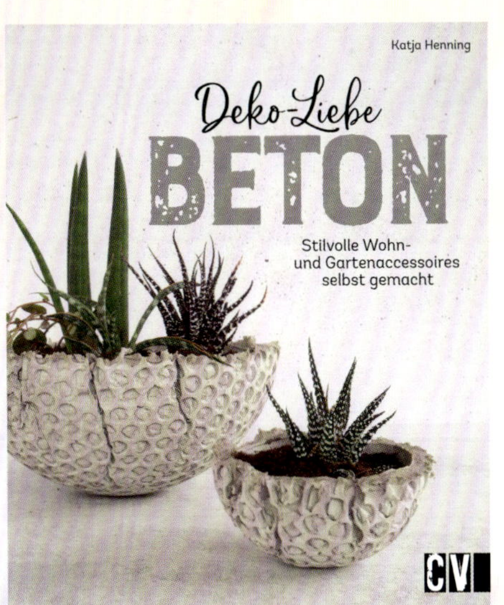

Du hast auch nach Weihnachten Lust, kreativ tätig zu werden? »Kreative Deko aus Holz – Liebevolle Einrichtungsideen für mein Zuhause« und »Deko-Liebe Beton« sind weitere Veröffentlichungen von Katja Henning.

Stilvolle, kreative und elegante Deko-Ideen aus Holz und Beton – einfach nachzuarbeiten dank vieler Tipps und Bilder! In beiden Büchern entstehen jeweils über 20 hochwertige Deko-Objekte aus diesen Werkstoffen.

Auch hier legt Autorin Katja Henning bei ihren Projekten großen Wert auf Kreativität, Design und eine stilvolle Fotografie. Bebilderte Schritt-für-Schritt-Anleitungen sowie Tricks und Tipps vereinfachen die Entstehung der Unikate. Mit dabei sind dekorative Schätze für das eigene Zuhause, praktische Organizer und traumhafte Geschenke für die Liebsten. Simple Anleitungen mit Wow-Effekt!

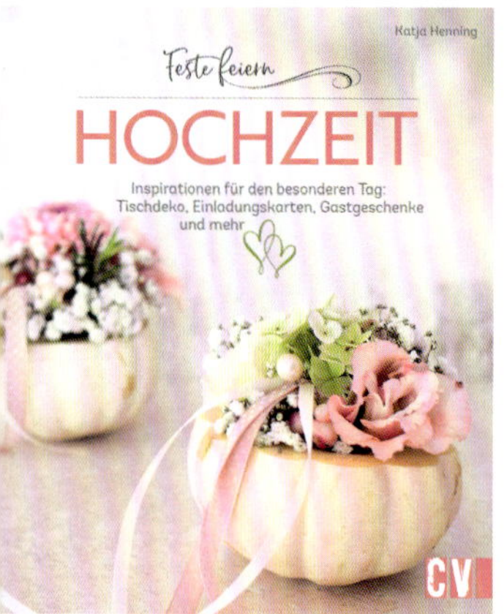

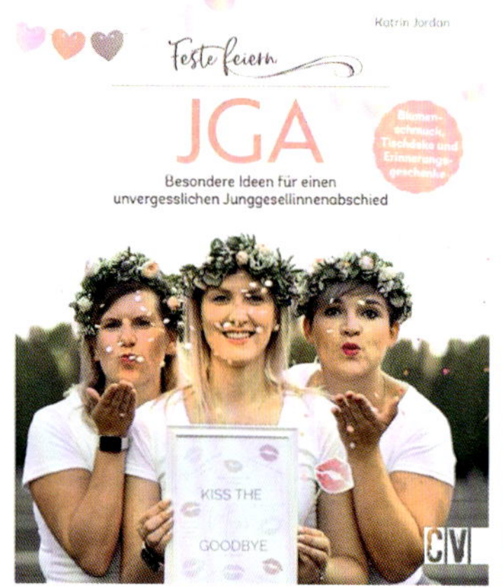

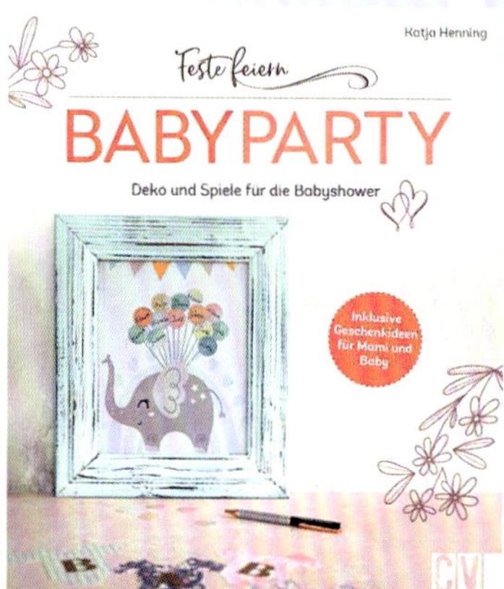

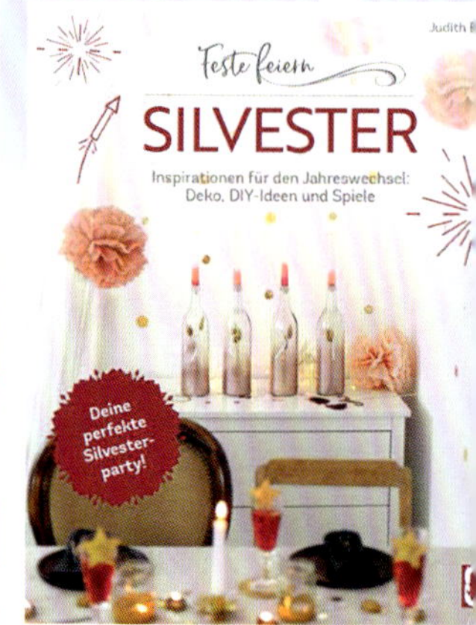

DIE REIHE »FESTE FEIERN«

Du hast Lust, deine Familie und Freunde einzuladen, einen liebevoll dekorierten Tisch in Szene zu setzen, schmackhaftes Essen aufzutischen und deine Gäste mit kleinen-Give-aways und einem fantastischen Tag zu beschenken?

Die Reihe »Feste feiern« bringt die Inspiration, dein Fest von A bis Z und mit liebevoll-persönlicher Note auszurichten, egal ob es sich dabei um einen Geburtstag, einen Feiertag, den Junggesellinnen-Abschied oder die nächste Silvesterparty handelt!

IMPRESSUM

Autorin: Katja Henning
Fotos und Styling: Katja Henning
Autorenfoto: Elena Strohecker Photography
Projektmanagement & Lektorat: Brigitte Schnock
Redaktion: Lena Denu
Layout: Marcus Taeschner, A flock of sheep
Korrektorat: Judith Bingel
Umschlaggestaltung: Regina Degenkolbe
Repro: LUDWIG:media
Herstellung: Julia Hegele
Printed in Türkiye by Elma Basim

Sind Sie mit diesem Titel zufrieden? Dann würden wir uns über Ihre Weiterempfehlung freuen. Erzählen Sie es im Freundeskreis, berichten Sie Ihrem Buchhändler oder bewerten Sie bei Onlinekauf. Und wenn Sie Kritik, Korrekturen, Aktualisierungen haben, freuen wir uns über Ihre Nachricht an: Christophorus Verlag, Postfach 40 02 09, D-80702 München oder per E-Mail an lektorat@verlagshaus.de

Unser komplettes Programm finden Sie unter

 www.christophorus-verlag.de 

Die Deutsche Nationalbibliothek verzeichnet diese Publikation in der Deutschen Nationalbibliografie; detaillierte bibliografische Daten sind im Internet über www.dnb.de abrufbar.

ISBN 978-3-8388-3882-3

 **Kreativ-Service**

Sie haben Fragen zu unseren Büchern und Materialien? Wir beraten Sie gern rund um alle Kreativthemen. Rufen Sie uns einfach an. Wir interessieren uns auch für Ihre eigenen Ideen und Anregungen. Sie erreichen uns per E-Mail kreativ-service@c-verlag.de oder unter der Telefonnummer 0049-89-1306 99 577.

Besuchen Sie uns im Internet: www.christophorus-verlag.de & www.selbstgemacht.de

In gleicher Reihe erschienen ...

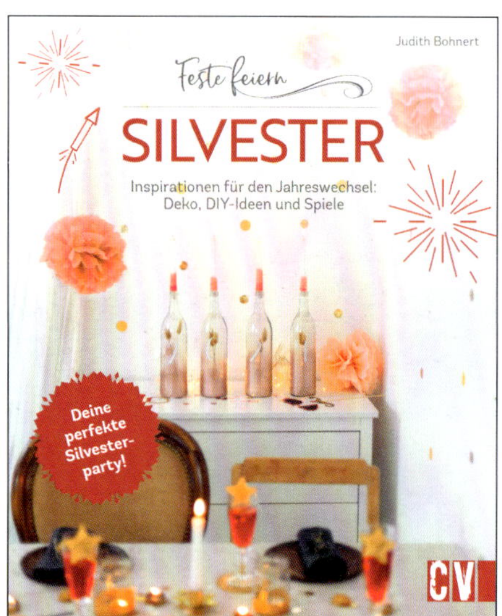

ISBN 978-3-8388-3883-0

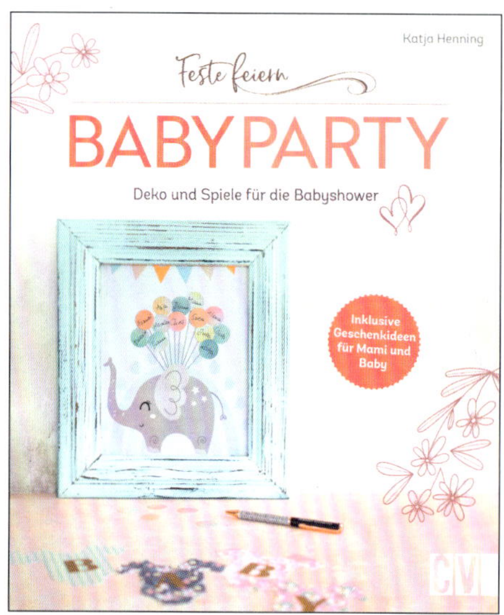

ISBN 978-3-8388-3858-8

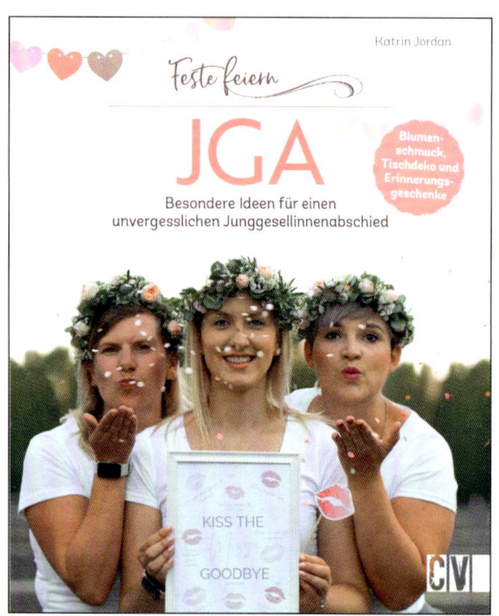

ISBN 978-3-8388-3851-9

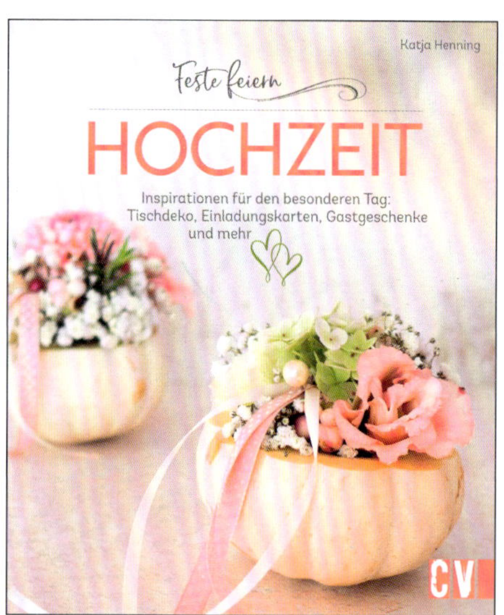

ISBN 978-3-8388-3842-7

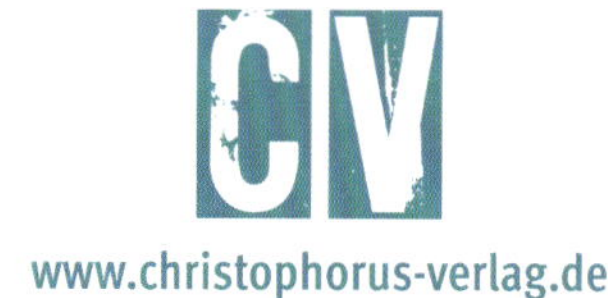

www.christophorus-verlag.de